누구나 쉽게 즐기는 **우쿨렐레** 리듬연주 레파토리

교회음악 100곡

DesignGITA
음악도서 디자인기타

저자 프로필

한사무엘
목원대학교 신학대학 및 신학대학원 졸업
한국우쿨렐레교육협회 총무이사
청주우쿨렐레앙상블 지휘자, 군산우쿨렐레앙상블 지휘자
리스타트 우쿨렐레 워크북(디자인기타) 저자
키즈키즈 우쿨박사(일신미디어) 공저자
자격 시험을 위한 우쿨렐레 교본(일신미디어) 공저자
내가 담고 싶은 우쿨렐레 중주곡 위시리스트(디자인기타) 공저자

김인선
군산대학교 음대 졸업(성악전공)
한국우쿨렐레교육협회 군산지부장
서천우쿨렐레앙상블 지휘자

김양희
청양대학교 패션인테리어과 졸업
한국우쿨렐레교육협회 최고지도자 강사
군산우쿨렐레앙상블 단원
키즈키즈 우쿨박사 공저자(일신미디어)
우쿨렐레 매니아를 위한 중주곡집(디자인기타) 공저자

발 행 일 | 2016년 8월 17일
발 행 인 | 정광교
저　　자 | 한사무엘, 김인선, 김양희
발 행 소 | 디자인기타
　　　　　21408 인천시 부평구 남부역로 11-1 자헌빌딩 503호
　　　　　Tel : (032) 529-9693　Email : wowgita@hanmail.net
등록번호 | 제 1-2577호
값 10,000원

※ 이 책의 내용을 무단전재와 복제를 금지합니다. (※잘못된 책은 구입하신 곳에서 바꾸어 드립니다.)

머리말

너희 의인들아 여호와를 즐거워하라
찬송은 정직한 자들이 마땅히 할 바로다

(시편 33편 1절)

하나님을 향한 찬송은 우리가 해야 할 일이고 또한 즐겨하는 일이다. 시간과 장소에 구분 없이 우리는 늘 하나님을 향한 찬송을 부른다.

우쿨렐레를 배우면서도 하나님을 향한 나의 즐거움을 표현하고 싶은 마음은 누구나 갖고 있었을 것이다. 이 책은 그러한 마음을 가진 분들에게 조금이나마 도움이 되었으면 하는 바램에서 출간하게 되었다.

저자가 어렸을 때부터 현재까지 즐겨 듣고 부르던 찬송가와 복음성가를 모아 어떤 곡은 간단하게 그리고 어떤 곡은 다양한 코드를 넣어 리듬 스트로크를 할 수 있도록 구성하였다.

한 곡 한 곡을 통해 다양한 코드 진행과 리듬을 연습해 보고, 찬송을 부르며 기쁨과 평안함도 누리는 시간이 되길 바란다.

우쿨렐레 리듬연주 레파토리 교회음악 100곡 공저자

Contents 목차

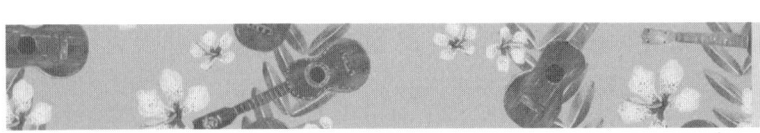

찬송가

- 008   8   고요한 밤 거룩한 밤
- 010   10   거친 세상에서 실패하거든
- 011   11   그 맑고 환한 밤중에
- 012   12   나의 사랑하는 책
- 013   13   내 구주 예수를
- 014   14   내 주 되신 주를 참 사랑하고
- 015   15   내 주를 가까이 하게 함은
- 016   16   내 진정 사모하는
- 017   17   너 예수께 조용히 나가
- 018   18   넓은 들에 익은 곡식
- 019   19   마귀들과 싸울지라
- 020   20   변찮는 주님의 사랑과
- 021   21   보아라 즐거운 우리 집
- 022   22   빈들에 마른 풀같이
- 023   23   예수 나를 위해
- 024   24   예수 부활했으니
- 025   25   예수 사랑하심을
- 026   26   예수님은 누구신가
- 027   27   이 기쁜 소식을
- 028   28   저 들 밖에 한밤중에
- 030   30   이 몸의 소망 무언가
- 031   31   죄 짐 맡은 우리 구주
- 032   32   죄에서 자유를 얻게 함은
- 033   33   주 달려 죽은 십자가
- 034   34   주님께 영광
- 036   36   참 반가운 성도여
- 038   38   주 없이 살 수 없네
- 039   39   참 아름다와라
- 040   40   천부여 의지 없어서
- 041   41   허락하신 새 땅에

복음성가

- 044   44   가서 제자 삼으라
- 046   46   그 날이 도적같이
- 048   48   갈릴리 호숫가에서
- 049   49   그리 아니하실지라도
- 050   50   나 기뻐하리
- 051   51   나 무엇과도 주님을
- 052   52   나 자유 얻었네
- 053   53   나의 안에 거하라
- 054   54   나를 향한 주의 사랑
- 056   56   나 주의 믿음 갖고
- 058   58   나를 사랑하는 주님
- 059   59   나의 발은 춤을 추며
- 060   60   나의 참 친구
- 062   62   날 구원하신 주 감사
- 063   63   날마다 숨쉬는 순간 마다
- 064   64   낮은 자의 하나님
- 066   66   내 평생 사는 동안
- 067   67   너의 하나님 여호와가
- 068   68   누군가 널 위하여
- 070   70   내게 강 같은 평화
- 071   71   때가 차매
- 072   72   다 와서 찬양해

74	당신은 사랑받기 위해 태어난 사람	120	우물가의 여인처럼
76	당신을 향한 노래(아주 먼 옛날 하늘에서는)	121	이와 같은 때엔
78	마지막 날에	122	주 우리 아버지
80	먼저 그 나라와 의를 구하라	124	주 이름 큰 능력 있도다
81	목마른 사슴	126	주가 보이신 생명의 길
82	문들아 머리들어라	128	주께 가까이
84	물이 바다 덮음 같이	130	주님 다시 오실 때까지
86	보라 새 일을	132	주님의 영광 나타나셨네
88	부르신 곳에서	134	주의 이름 송축하리
90	빛 되신 주	135	주의 인자는 끝이 없고
92	사랑은	136	주의 인자하심이 생명보다 나으므로
94	사랑의 주님이	137	찬양하라 내 영혼아
95	선포하라	138	지금은 엘리야 때처럼
96	사랑하는 나의 아버지	140	찬양하세
98	살아 계신 주	142	평안을 너에게 주노라
100	실로암	143	하나님은 너를 지키시는 자
102	손을 높이 들고	144	하나님의 음성을 (시편 40편)
103	아름다운 마음들이 모여서	146	해 뜨는 데부터
104	야곱의 축복	147	호산나
106	예수 우리 왕이여		
108	예수 이름으로		
109	예수 이름이 온 땅에		
110	예수가 좋다오		
112	예수보다 더 좋은 친구없네		
114	오 나의 자비로운 주여		
116	아름다운 이야기가 있네		
117	오 주여 나의 마음이		
118	우리는 사랑의 띠로		
119	우리함께 기뻐해		

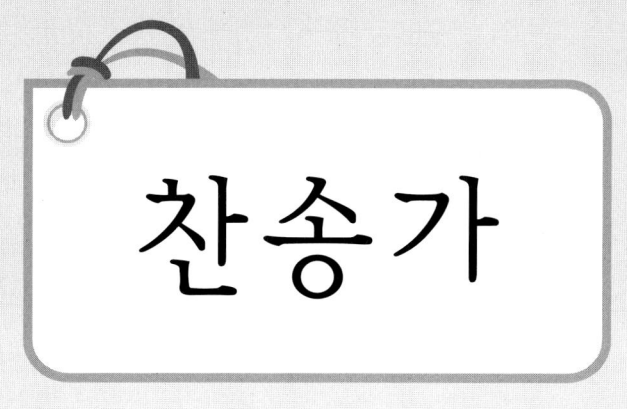

찬송가

고요한 밤 거룩한 밤

J. Mohr 작사
F. X. Gruber 작곡

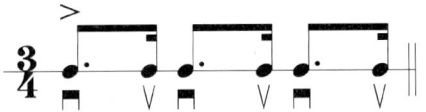

[A]
고 요 한 밤 거 룩 한 밤
고 요 한 밤 거 룩 한 밤
고 요 한 밤 거 룩 한 밤
고 요 한 밤 거 룩 한 밤

[Bm7] [E7] [A] [A7]
어 둠 에 묻 힌 밤
영 광 이 둘 리 밤
동 방 의 박 사 들
주 예 수 나 신 밤

[D] [D#dim7] [A] [A7]
주 의 부 — 모 앉 — 아 서
천 군 천 — 사 나 — 타 나
별 을 보 — 고 찾 — 아 와
그 의 얼 — 굴 광 — 채 가

거친 세상에서 실패하거든

그 맑고 환한 밤중에

내 구주 예수를

E. P. Prentiss 작사
W. H. Doane 작곡

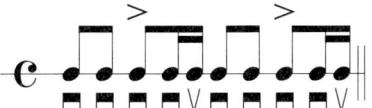

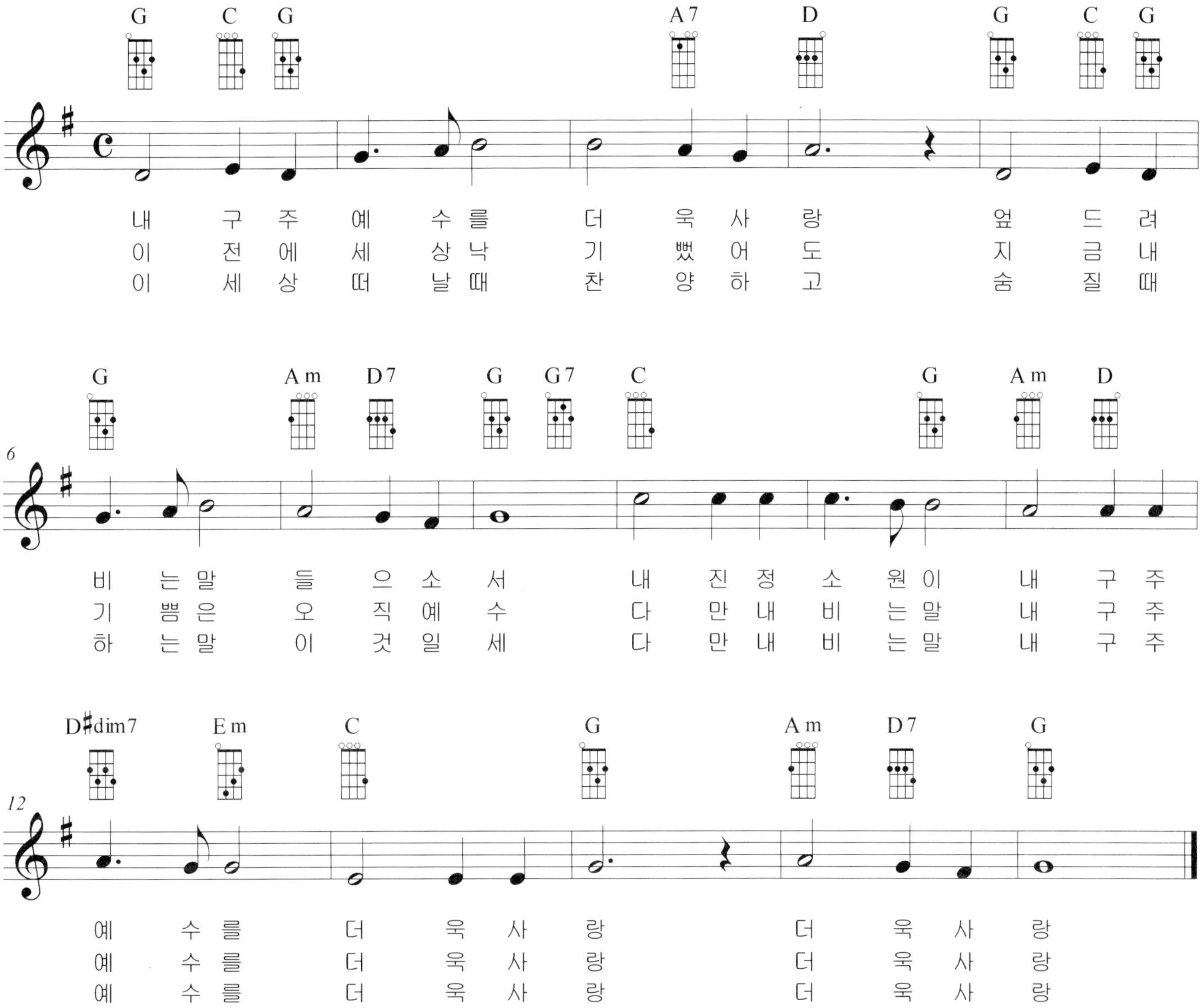
G C G A7 D G C G
내 구 주 예 수 를 더 욱 사 랑 엎 드 려
이 전 에 세 상 낙 기 뻤 어 도 지 금 내
이 세 상 떠 날 때 찬 양 하 고 숨 질 때
6
G Am D7 G G7 C G Am D
비 는 말 들 으 소 서 내 진 정 소 원 이 내 구 주
기 쁨 은 오 직 예 수 다 만 내 비 는 말 내 구 주
하 는 말 이 것 일 세 다 만 내 비 는 말 내 구 주
12
D♯dim7 Em C G Am D7 G
예 수 를 더 욱 사 랑 더 욱 사 랑
예 수 를 더 욱 사 랑 더 욱 사 랑
예 수 를 더 욱 사 랑 더 욱 사 랑

내 주를 가까이 하게 함은

S. F. Adams 작사
L. Mason 작곡

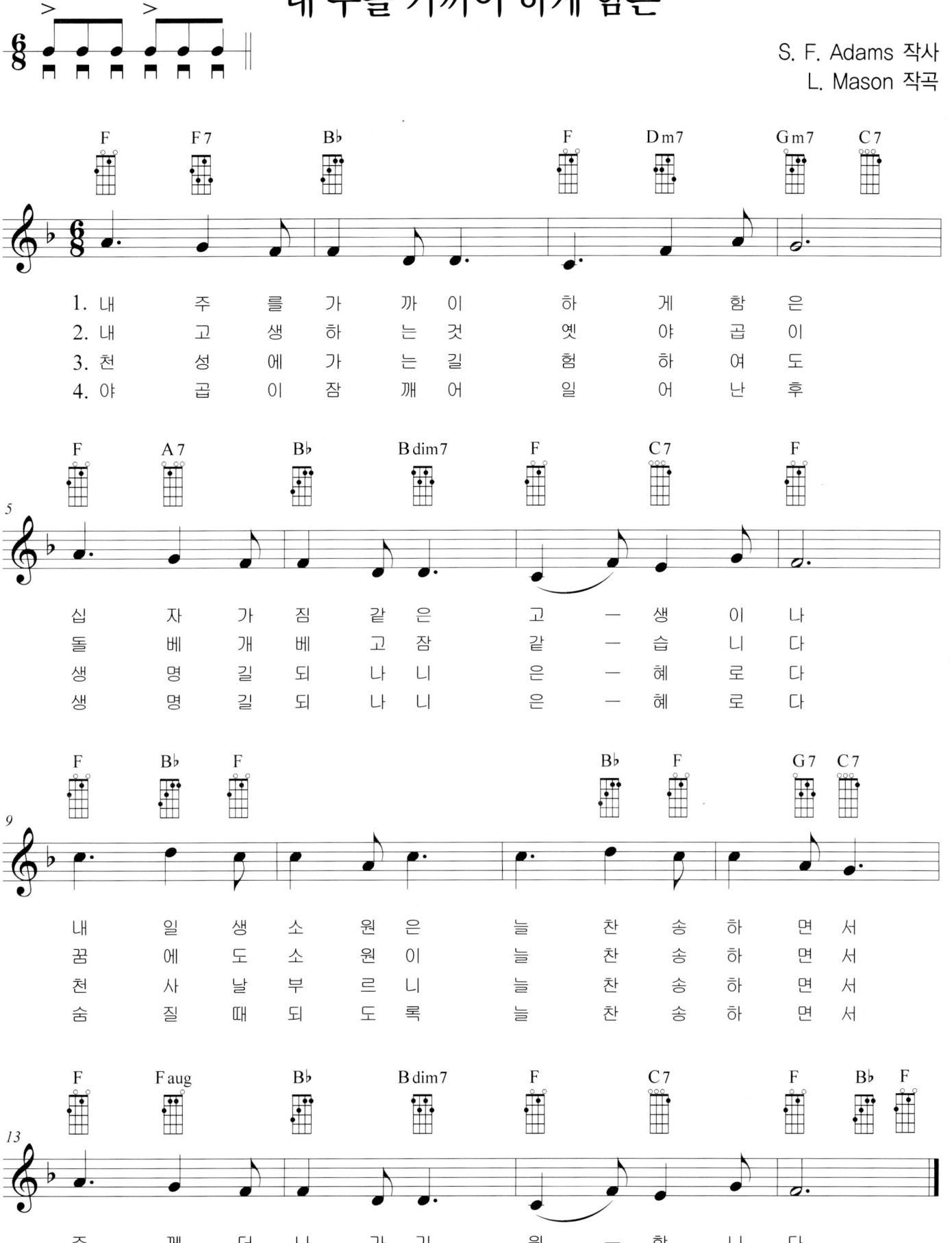

너 예수께 조용히 나가

E. E. Hewitt 작사
W. J. Kirkpatrick 작곡

넓은 들에 익은 곡식

J. O. Thompson 작사
J. B. O. Clemm 작곡

마귀들과 싸울지라

변찮는 주님의 사랑과

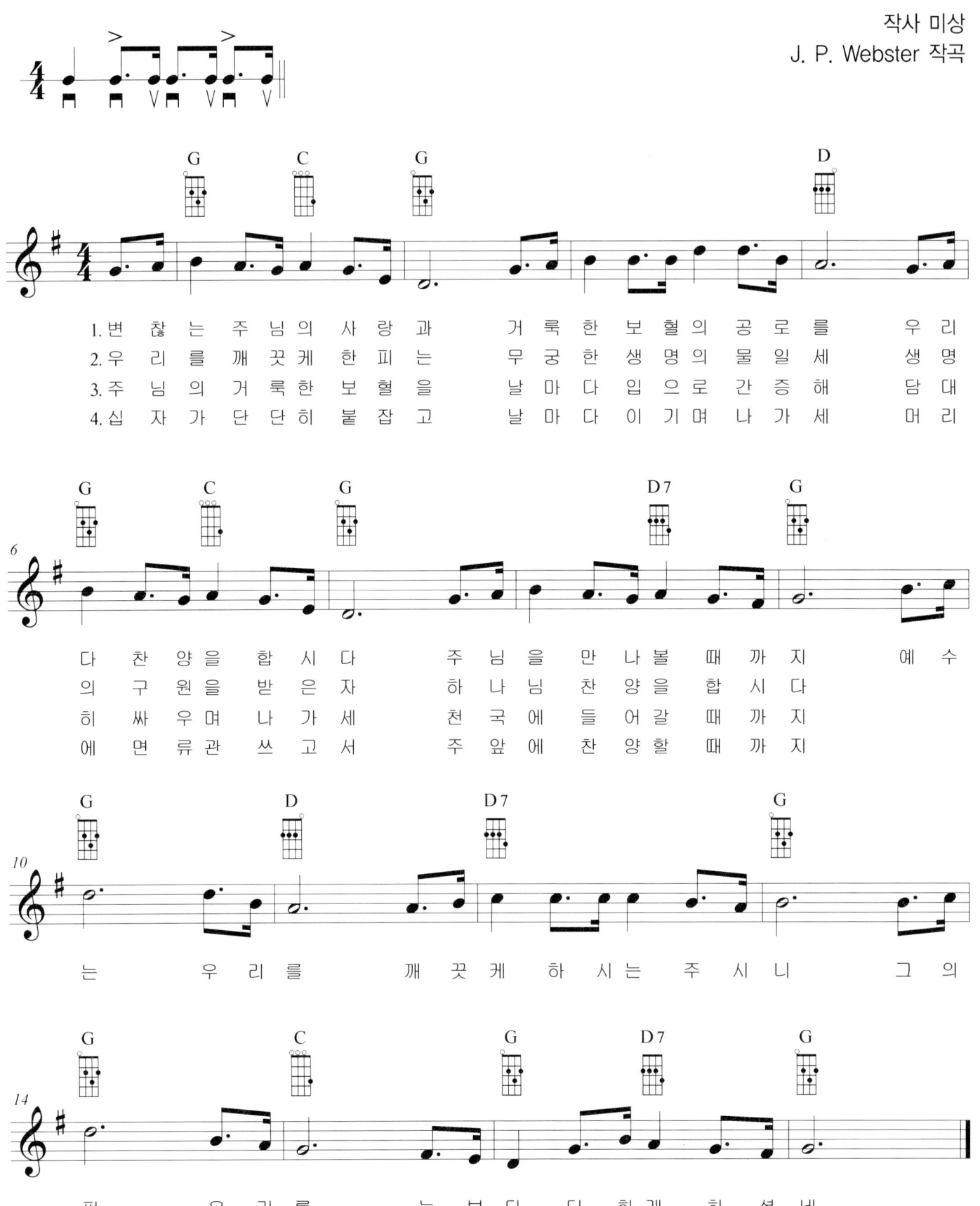

보아라 즐거운 우리 집

D. W. C. Huntington 작사
T. C. O'kane 작곡

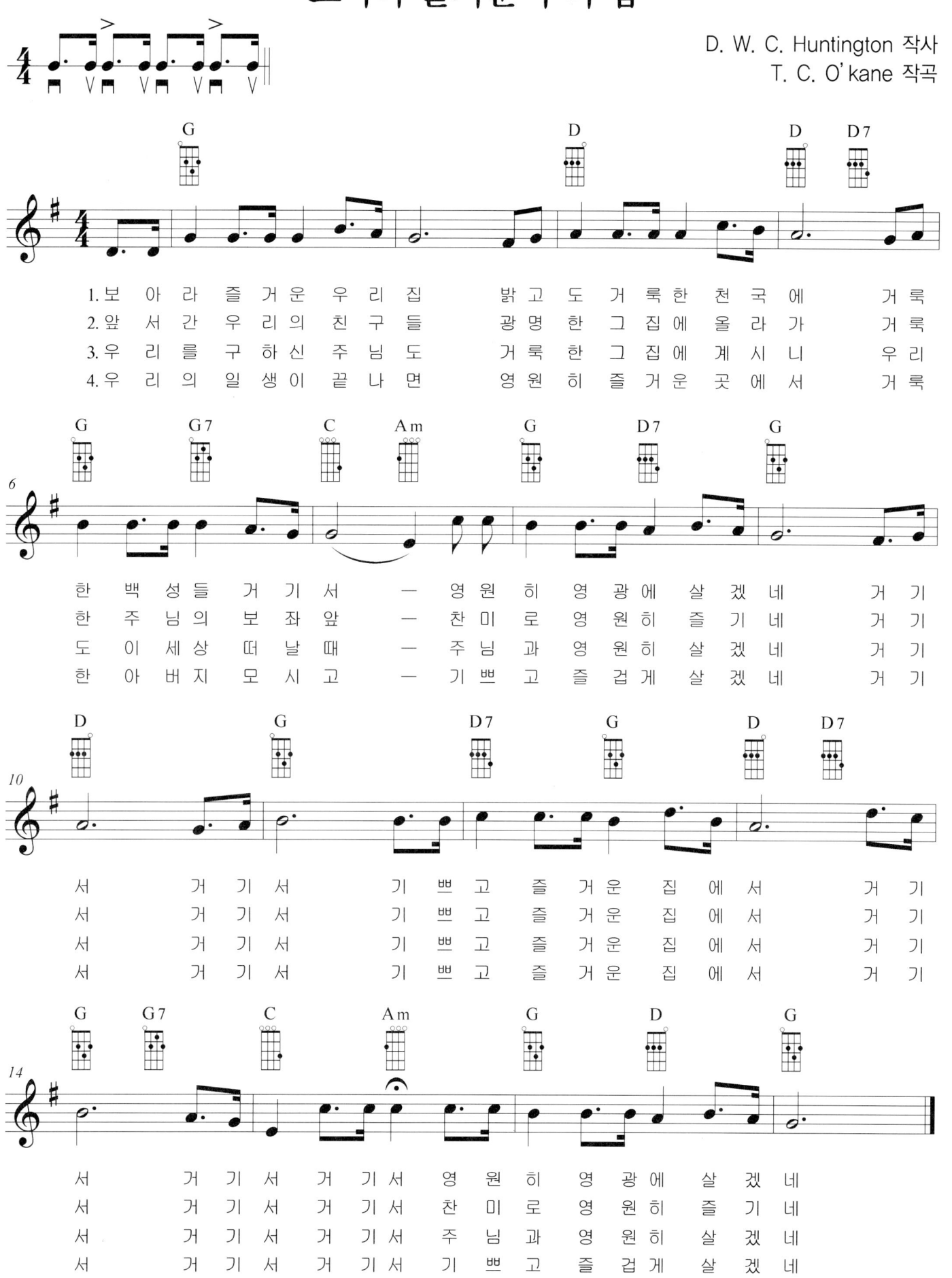

빈들에 마른 풀같이

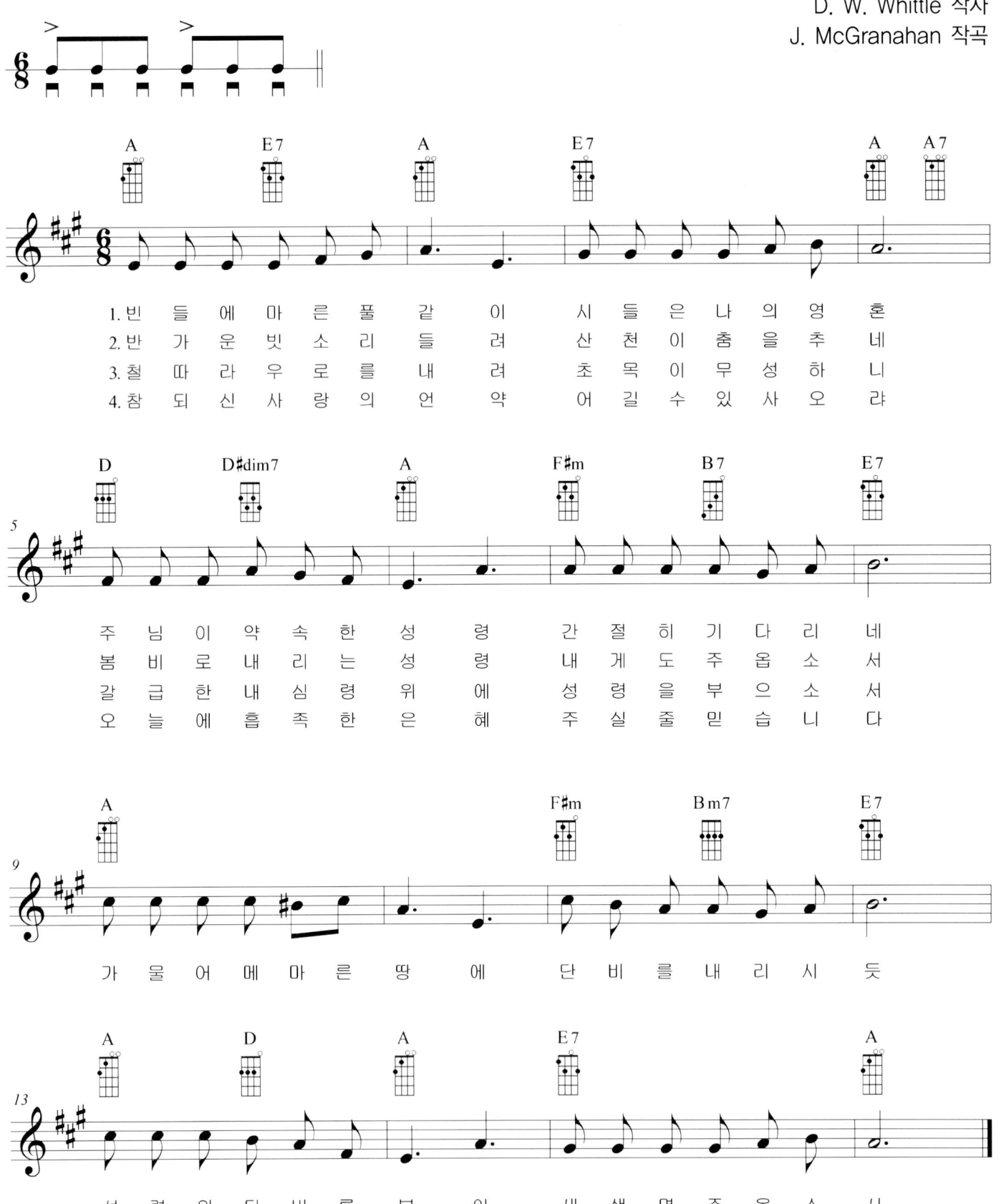

예수 나를 위해

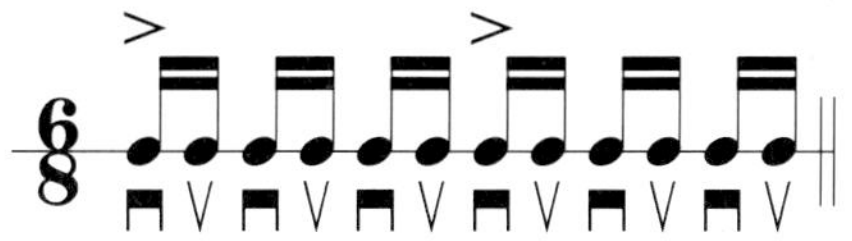

F. J. Crosby 작사
W. Doane 작곡

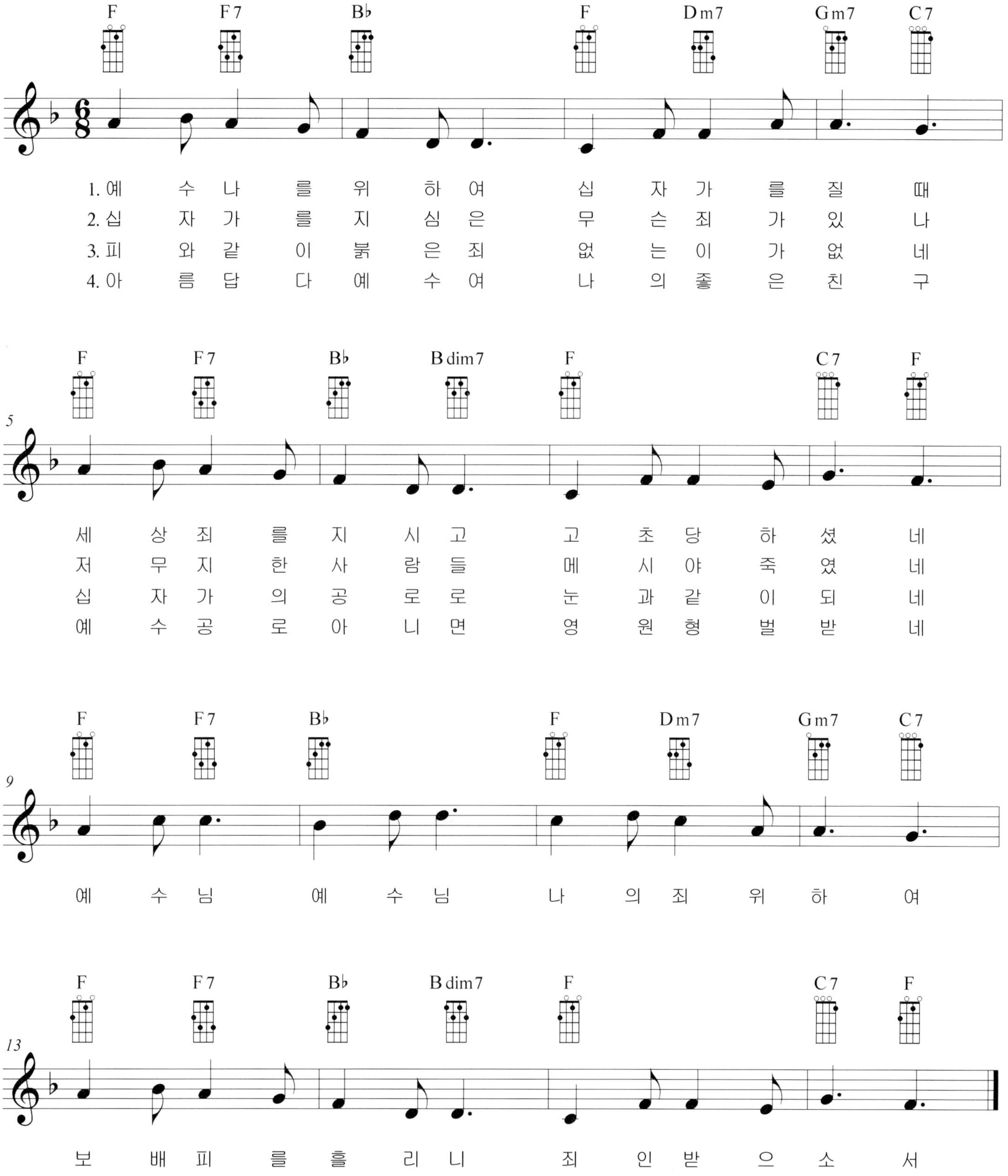

1. 예 수 나 를 위 하 여 십 자 가 를 질 때
2. 십 자 가 를 지 심 은 무 슨 죄 가 있 나
3. 피 와 같 이 붉 은 죄 없 는 이 가 없 네
4. 아 름 답 다 예 수 여 나 의 좋 은 친 구

세 상 죄 를 지 시 고 고 초 당 하 셨 네
저 무 지 한 사 람 들 메 시 야 죽 였 네
십 자 가 의 공 로 로 눈 과 같 이 되 네
예 수 공 로 아 니 면 영 원 형 벌 받 네

예 수 님 예 수 님 나 의 죄 위 하 여

보 배 피 를 흘 리 니 죄 인 받 으 소 서

예수 부활했으니

C. Wesley 작사
작곡 미상

예수 사랑하심을

예수님은 누구신가

F. S. Miller 작사
J. J. Rousseau 작곡

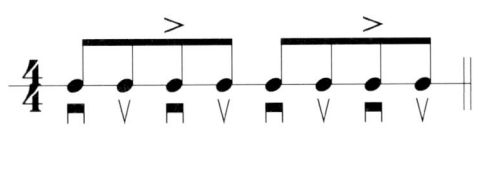

1. 예 수 — 님 은 누 구 신 — 가 우 는 — 자 의 위 로 — 와
2. 예 수 — 님 은 누 구 신 — 가 약 한 — 자 의 강 — 함 — 과
3. 예 수 — 님 은 누 구 신 — 가 추 한 — 자 의 정 — 함 — 과
4. 예 수 — 님 은 누 구 신 — 가 온 교 — 회 의 머 — 리 — 와

없 는 — 자 의 풍 성 이 — 며 천 한 — 자 의 높 음 과
눈 먼 — 자 의 빛 이 시 — 며 병 든 — 자 의 고 침 과
죽 을 — 자 의 생 명 이 — 며 죄 인 — 들 의 중 보 와
온 세 — 상 의 구 주 시 — 며 모 든 — 왕 의 왕 이 요

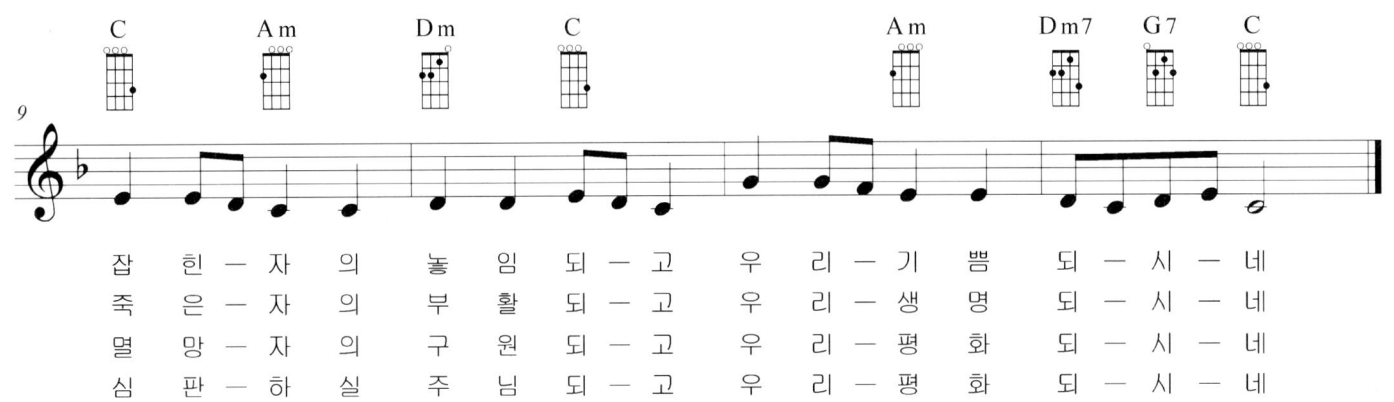

잡 힌 — 자 의 놓 임 되 — 고 우 리 기 쁨 되 — 시 — 네
죽 은 — 자 의 부 활 되 — 고 우 리 — 생 명 되 — 시 — 네
멸 망 — 자 의 구 원 되 — 고 우 리 — 평 화 되 — 시 — 네
심 판 — 하 실 주 님 되 — 고 우 리 — 평 화 되 — 시 — 네

이 기쁜 소식을

저 들 밖에 한밤중에

English Carol 작사
William Sandy 작곡

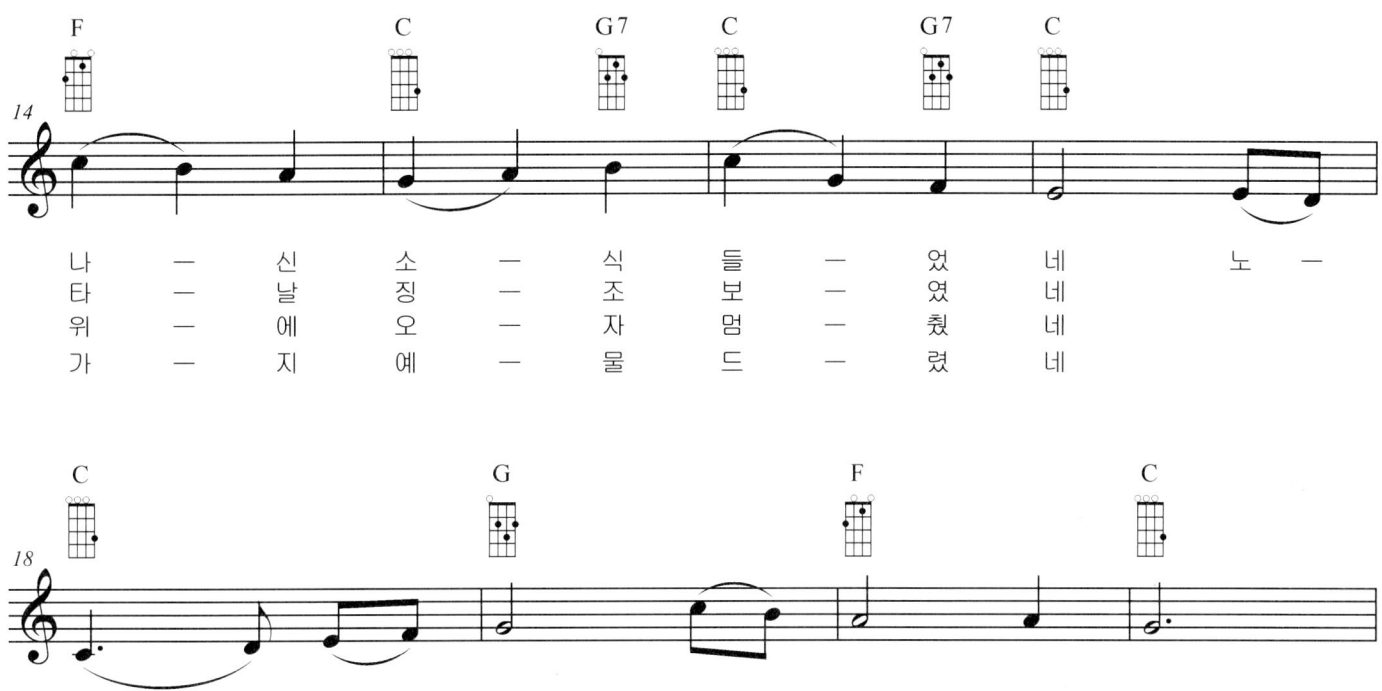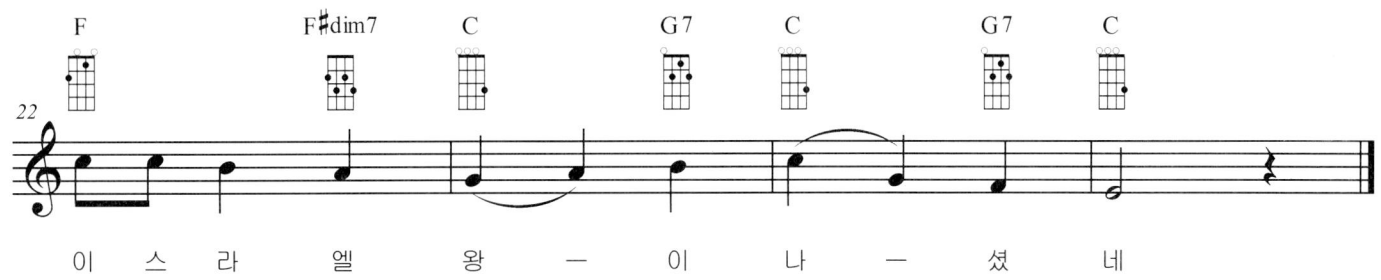

이 몸의 소망 무언가

E. Mote 작사
W. B. Bradbury 작곡

죄 짐 맡은 우리 구주

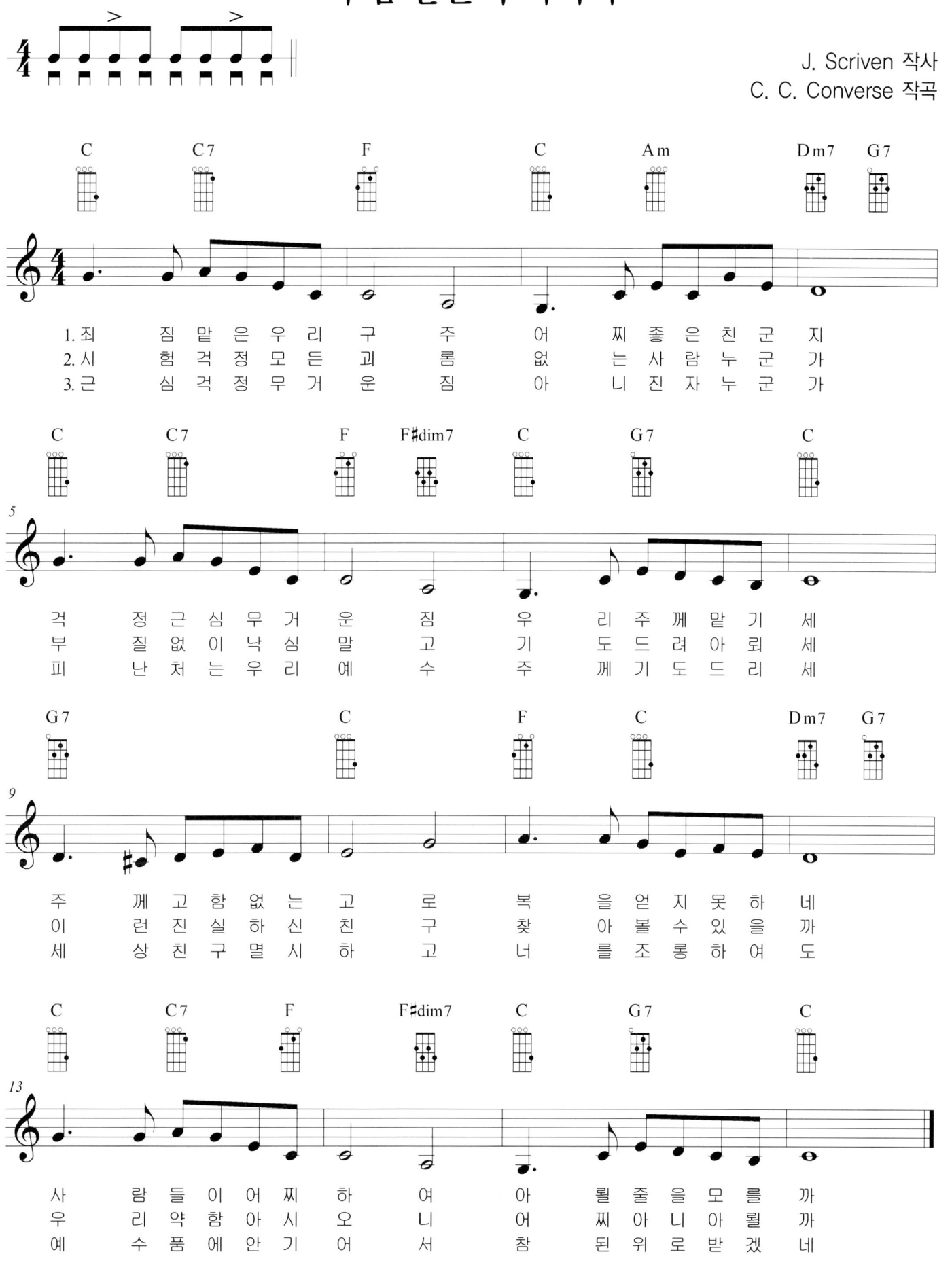

죄에서 자유를 얻게 함은

주 달려 죽은 십자가

I. Watts 작사
L. Mason 작곡

주님께 영광

E. L. Budry 작사
G. F. Handel 작곡

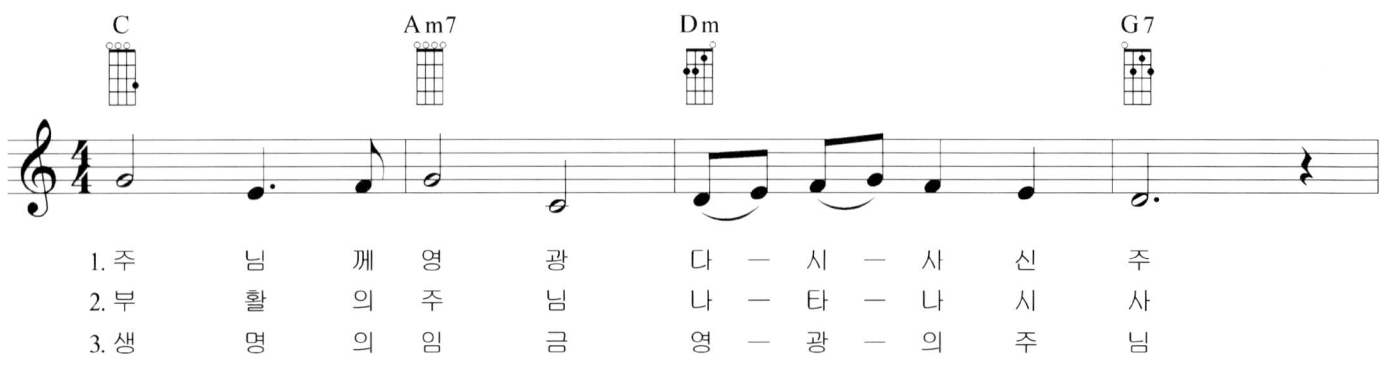
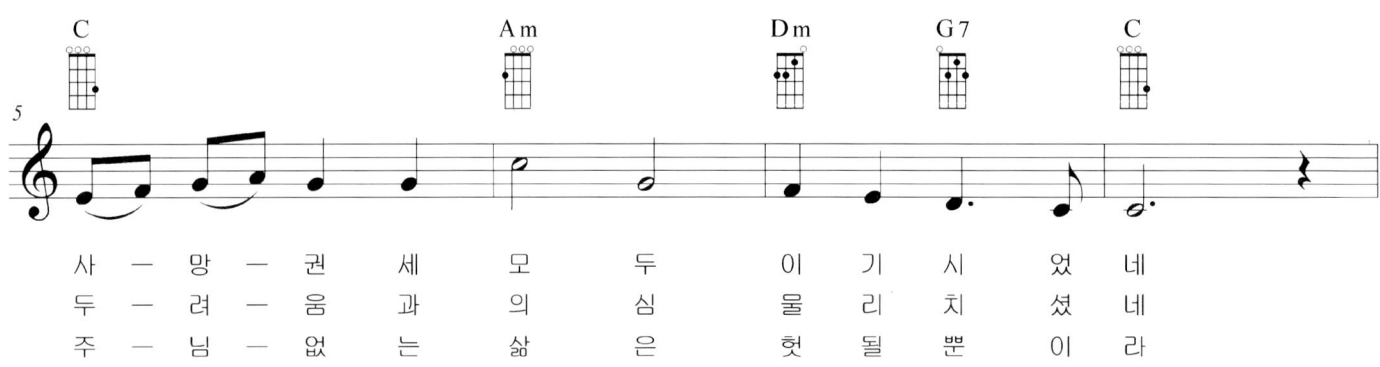

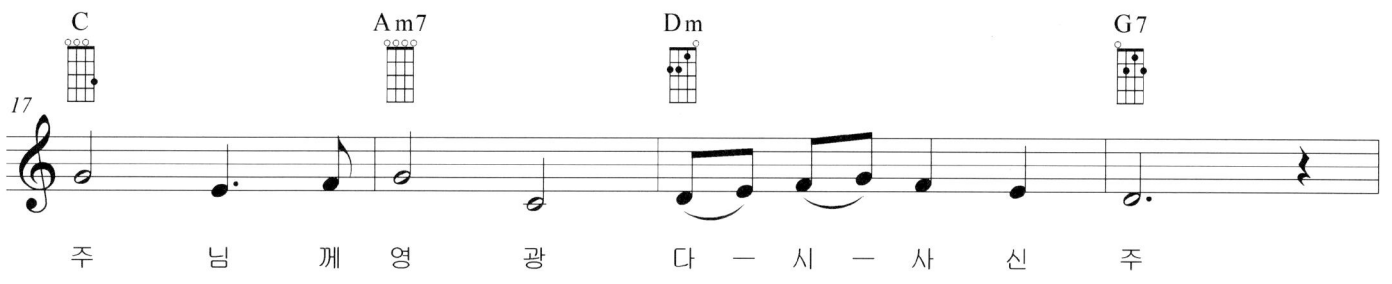
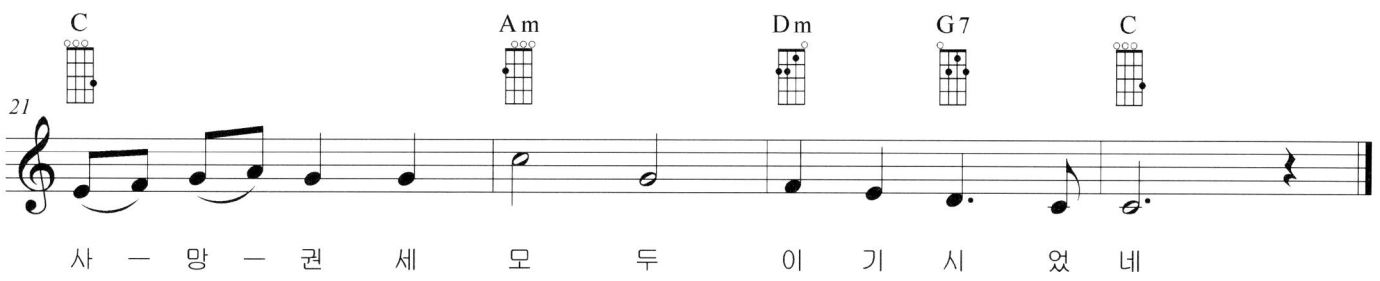

참 반가운 성도여

J. F. Wade 작사
J. F. Wade 작곡

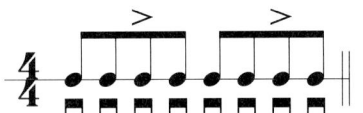

1. 참 반 가 운 성 도 여 다 — 이 리 와 서 베
2. 저 천 사 여 찬 송 을 높 — 이 불 러 서 이
3. 이 세 상 에 주 께 서 탄 — 생 할 때 에 참
4. 여 호 와 의 말 씀 이 육 — 신 을 입 어 날

들 레 헴 성 — 안 에 가 봅 시 다 저
광 활 한 천 — 지 에 울 리 어 라 주
신 과 참 사 — 람 이 되 시 려 고 저
구 원 할 구 — 주 가 되 셨 도 다 늘

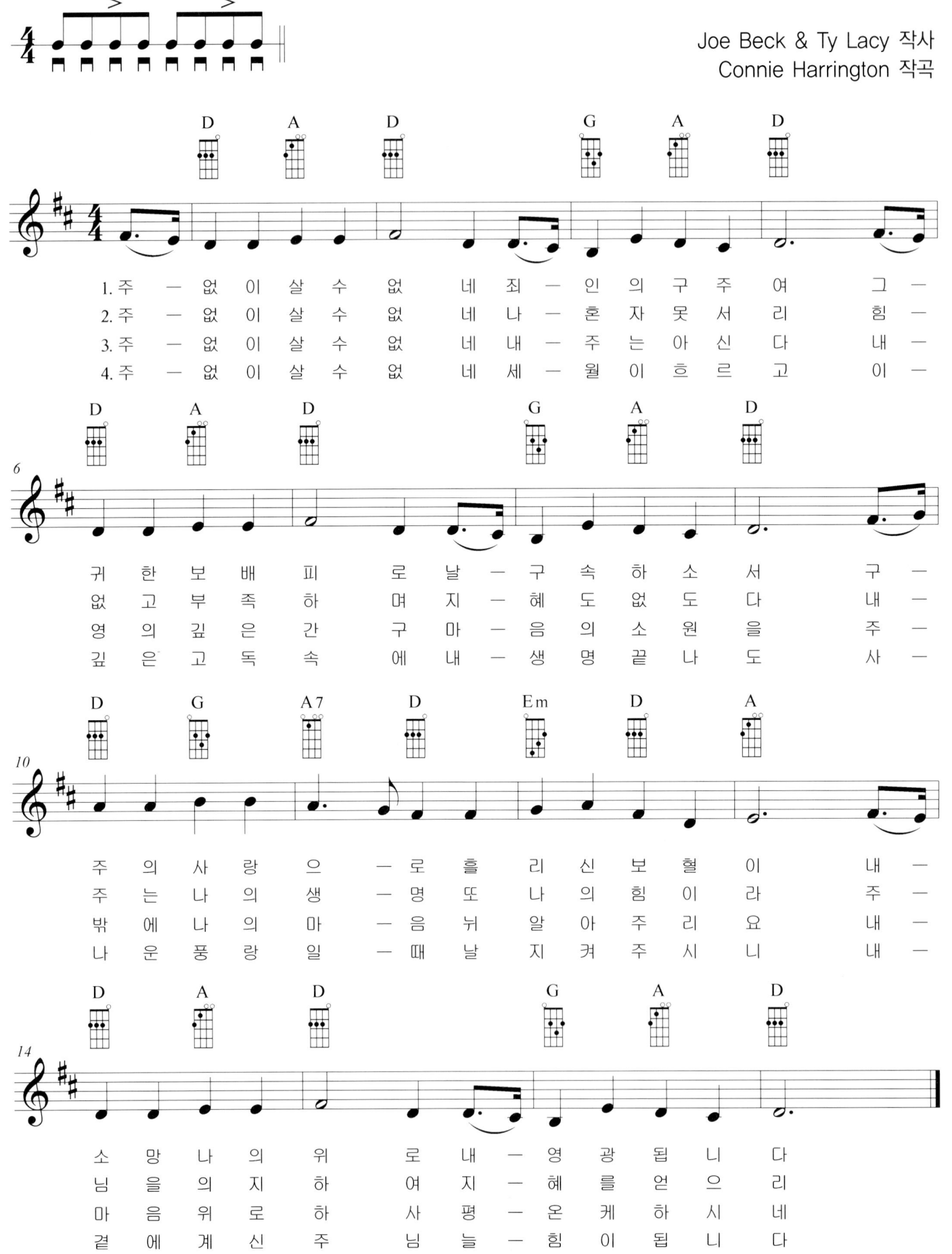

참 아름다와라

M. D. Badcock 작사
영국 멜로디 작곡

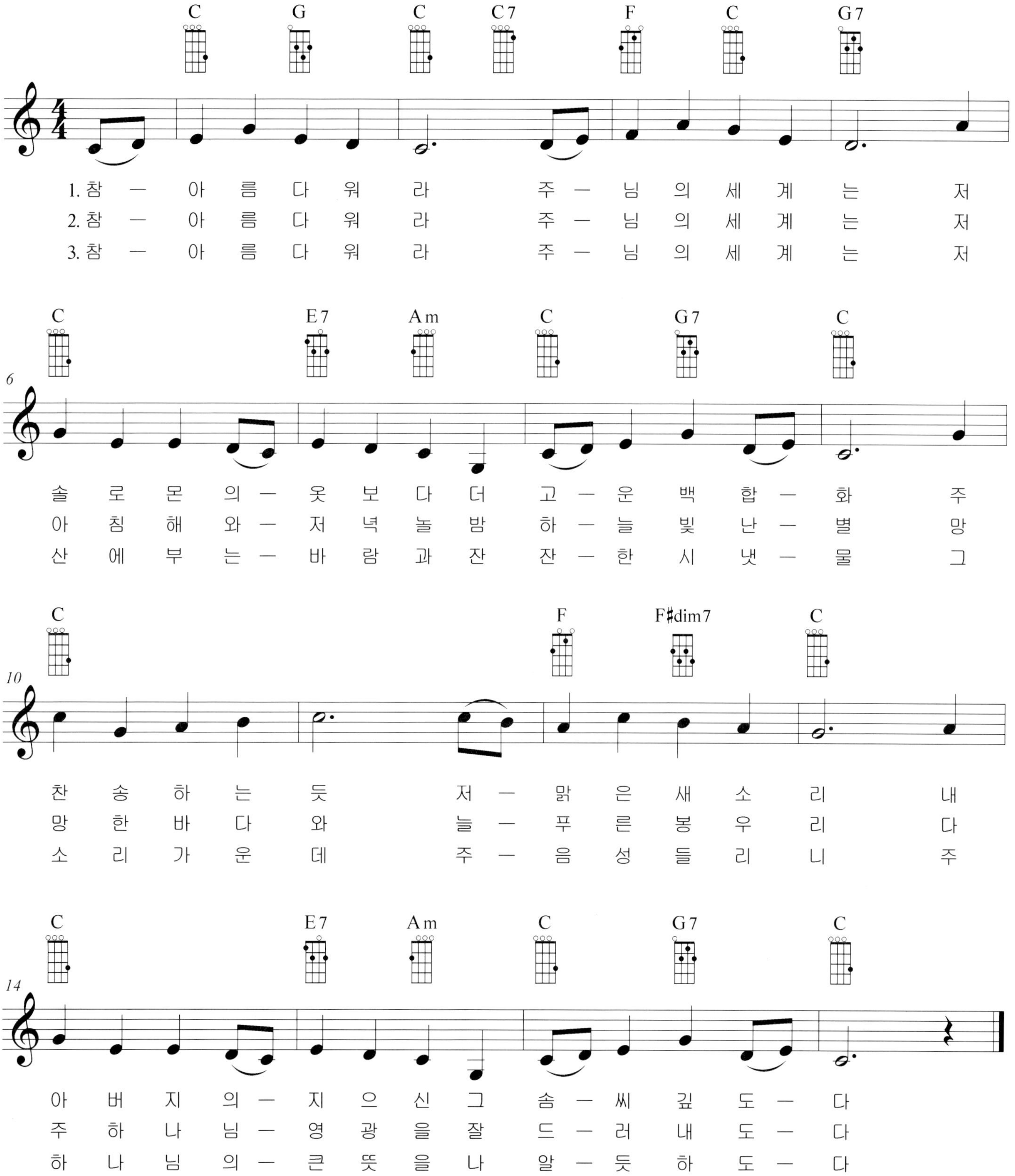

1. 참 — 아 름 다 워 라 주 — 님 의 세 계 는 저 솔 로 몬 의 — 옷 보 다 더 고 — 운 백 합 — 화 주 찬 송 하 는 듯 저 — 맑 은 새 소 리 내 아 버 지 의 — 지 으 신 그 솜 — 씨 깊 도 — 다
2. 참 — 아 름 다 워 라 주 — 님 의 세 계 는 저 아 침 해 와 — 저 녁 놀 밤 하 — 늘 빛 난 — 별 망 한 바 다 와 늘 — 푸 른 봉 우 리 다 주 하 나 님 — 영 광 을 잘 드 — 러 내 도 — 다
3. 참 — 아 름 다 워 라 주 — 님 의 세 계 는 저 산 에 부 는 — 바 람 과 잔 잔 — 한 시 냇 — 물 그 소 리 가 운 데 주 — 음 성 들 리 니 주 하 나 님 의 — 큰 뜻 을 나 알 — 듯 하 도 — 다

천부여 의지 없어서

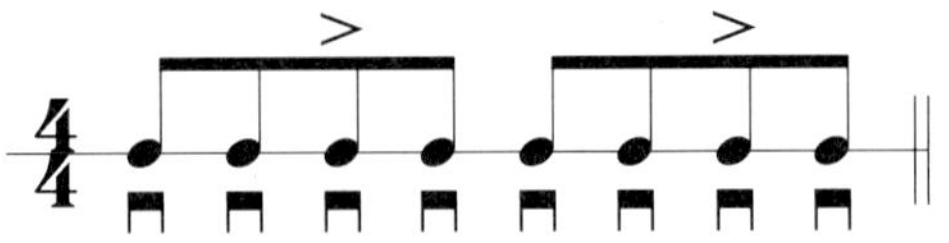

C. Wesley 작사
W. Shield 작곡

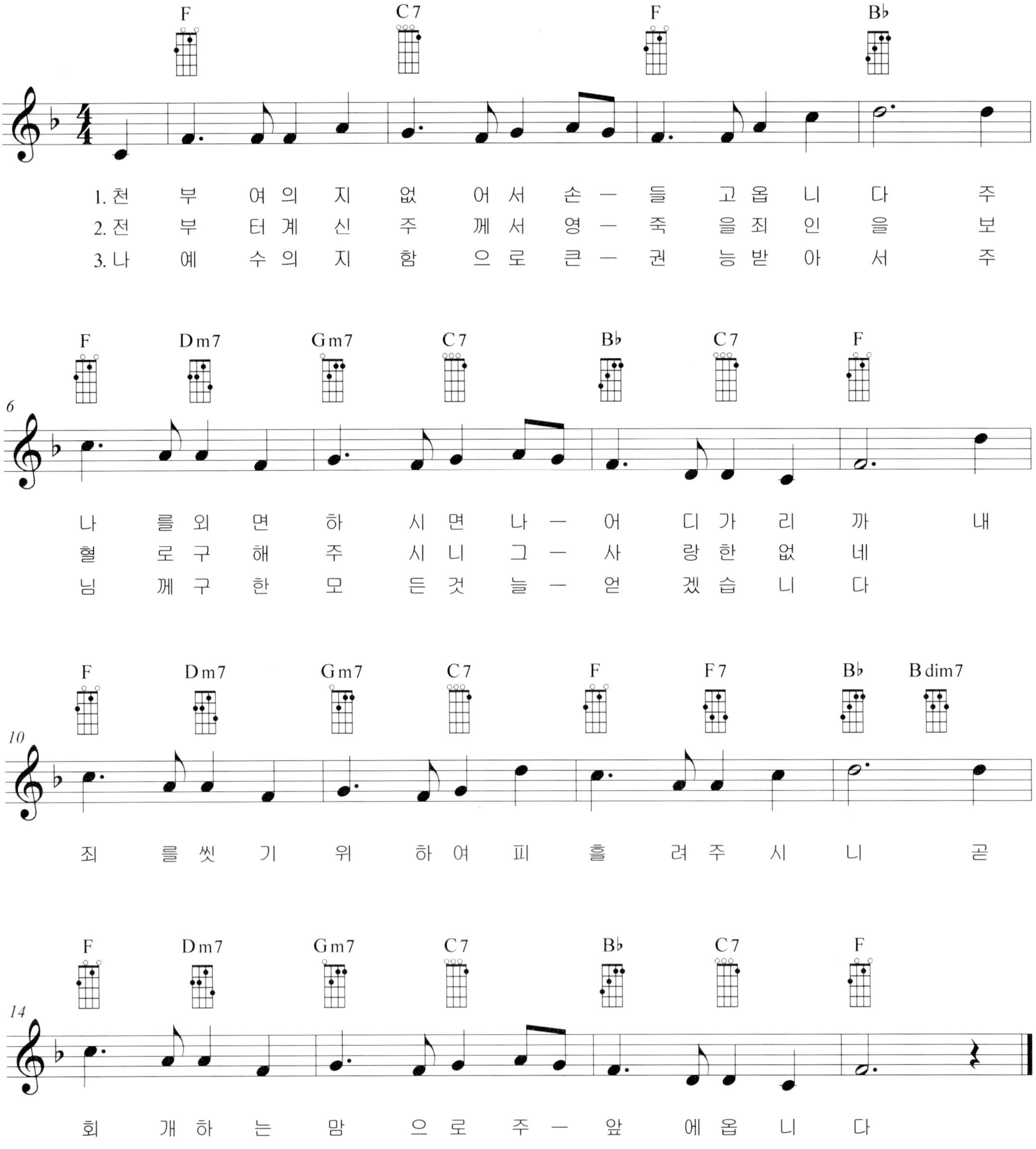

1. 천부여 의지 없어서 손 들고 옵니다 주
2. 전부터 계신 주께서 영 죽을 죄인을 보
3. 나 예수 의지함으로 큰 권능 받아서 주

나를 외면 하시면 나 어디가리까 내
혈로 구해 주시니 그 사랑 한없네
님께 구한 모든 것 늘 얻겠습니다

죄를 씻기 위하여 피 흘려 주시니 곧

회개하는 맘으로 주 앞에 옵니다

허락하신 새 땅에

C. M. Mobinson 작사
P. P. Bollborn 작곡

1. 허락하—신— 새 땅에 들어가려면 맘에 준—비—다하여 힘써 일하세
2. 시험환—난— 당해도 낙심말고서 맘에 걱—정—버리고 힘써 일하세
3. 앞서가—신— 예수님 바라보면서 모두 맘—을—합하여 힘써 일하세
4. 일할 곳—이— 아직도 많이 있는데 담대하—게— 나가서 힘써 일하세

여호수아 본받아 앞으로 가세
우리 거할 처소는 주님 품일세

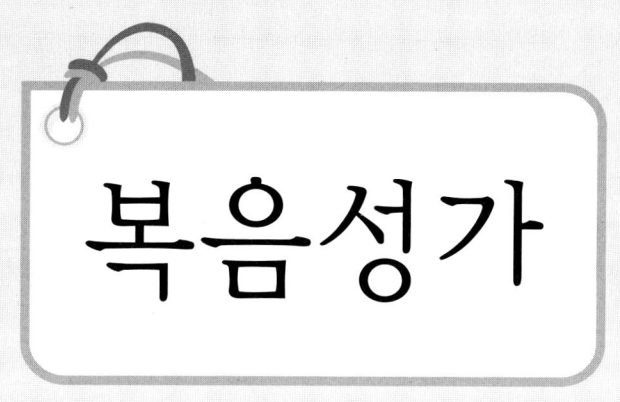

복음성가

가서 제자 삼으라

최용덕 작사
최용덕 작곡

갈 — 릴 리 마 을 그 숲 속 에 서 —   주 님
미 류 나 무 우 거 진 숲 속 에 서 —   주 님

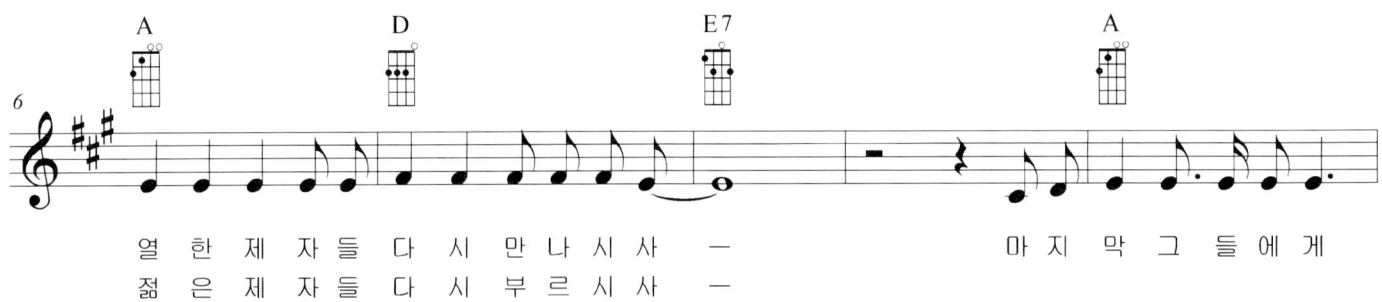

열 한 제 자 들 다 시 만 나 시 사 —   마 지 막 그 들 에 게
젊 은 제 자 들 다 시 부 르 시 사 —

부 탁 하 시 기 를   너 희 들 은 가 라 저 세 상 으 로

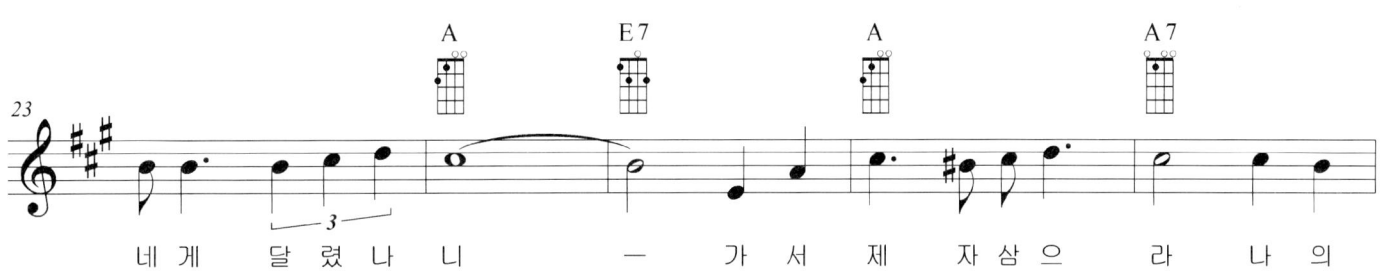

그 날이 도적같이

김민식 작사
김민식 작곡

그 날이 도적같이 이를 줄
평강의 하나님이 너희를

너희는 모르느냐 —
거룩하게 하시고 —

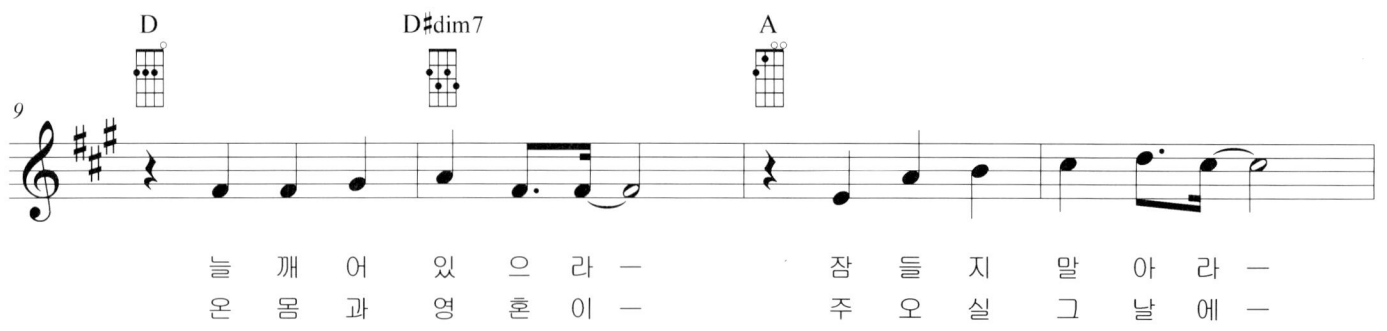

늘 깨어 있으라 — 잠들지 말아라 —
온 몸과 영혼이 — 주오실 그 날에 —

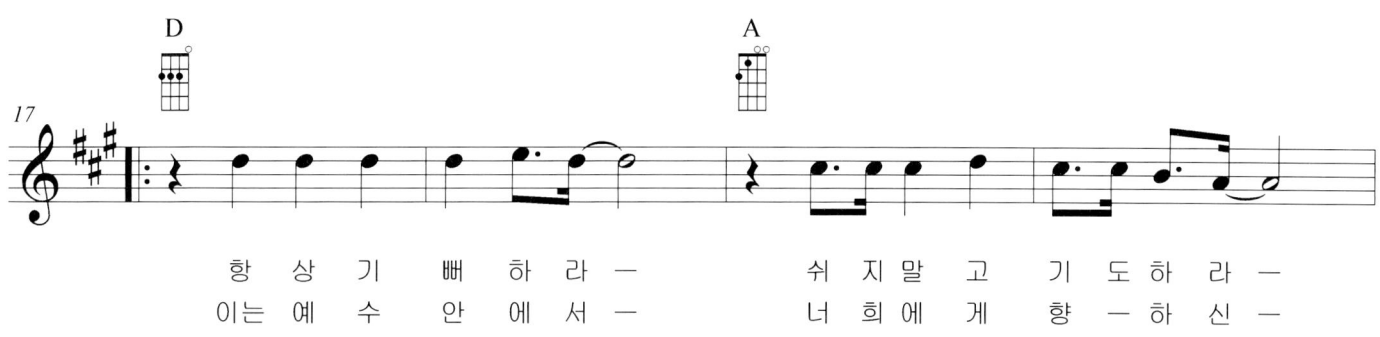
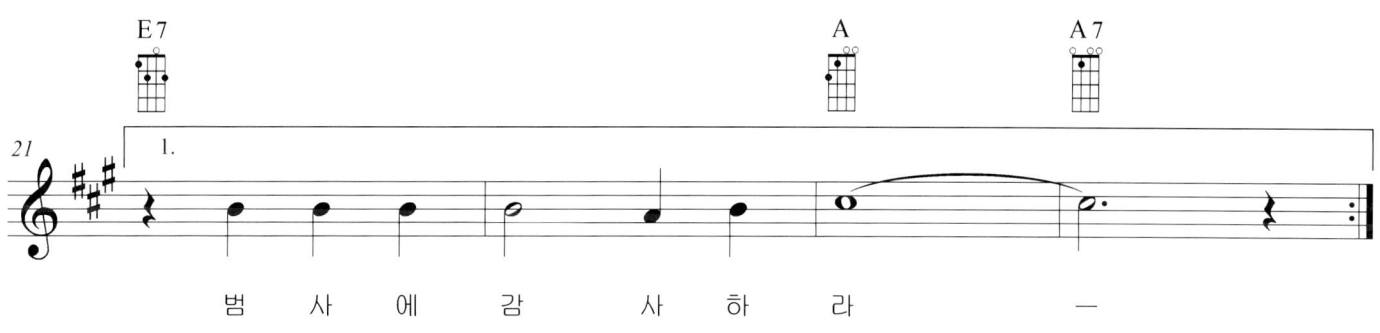
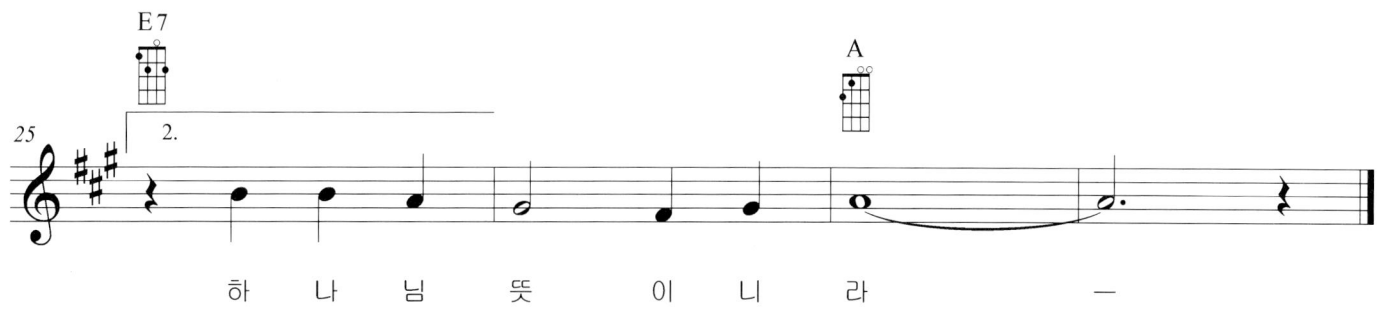

갈릴리 호숫가에서

작자 미상

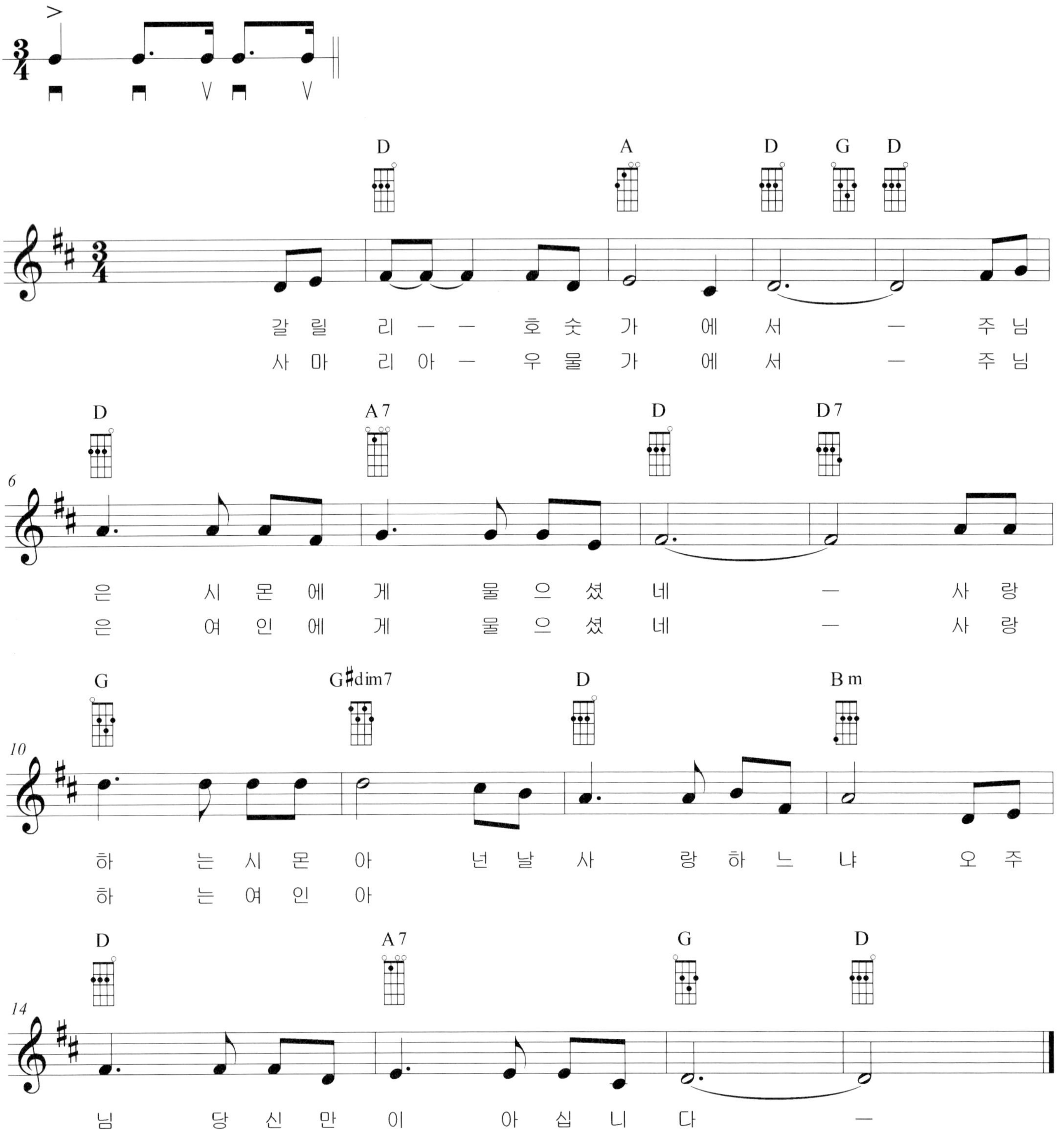

D A D G D
갈 릴 리 ― ― 호 숫 가 에 서 ― 주 님
사 마 리 아 ― 우 물 가 에 서 ― 주 님
D A7 D D7
은 시 몬 에 게 물 으 셨 네 ― 사 랑
은 여 인 에 게 물 으 셨 네 ― 사 랑
G G♯dim7 D Bm
하 는 시 몬 아 넌 날 사 랑 하 느 냐 오 주
하 는 여 인 아
D A7 G D
님 당 신 만 이 아 십 니 다 ―

그리 아니하실지라도

안성진 작사
안성진 작곡

나 기뻐하리
I Will Rejoice

나 무엇과도 주님을

Wes. Sutton 작사
Wes. Sutton 작곡

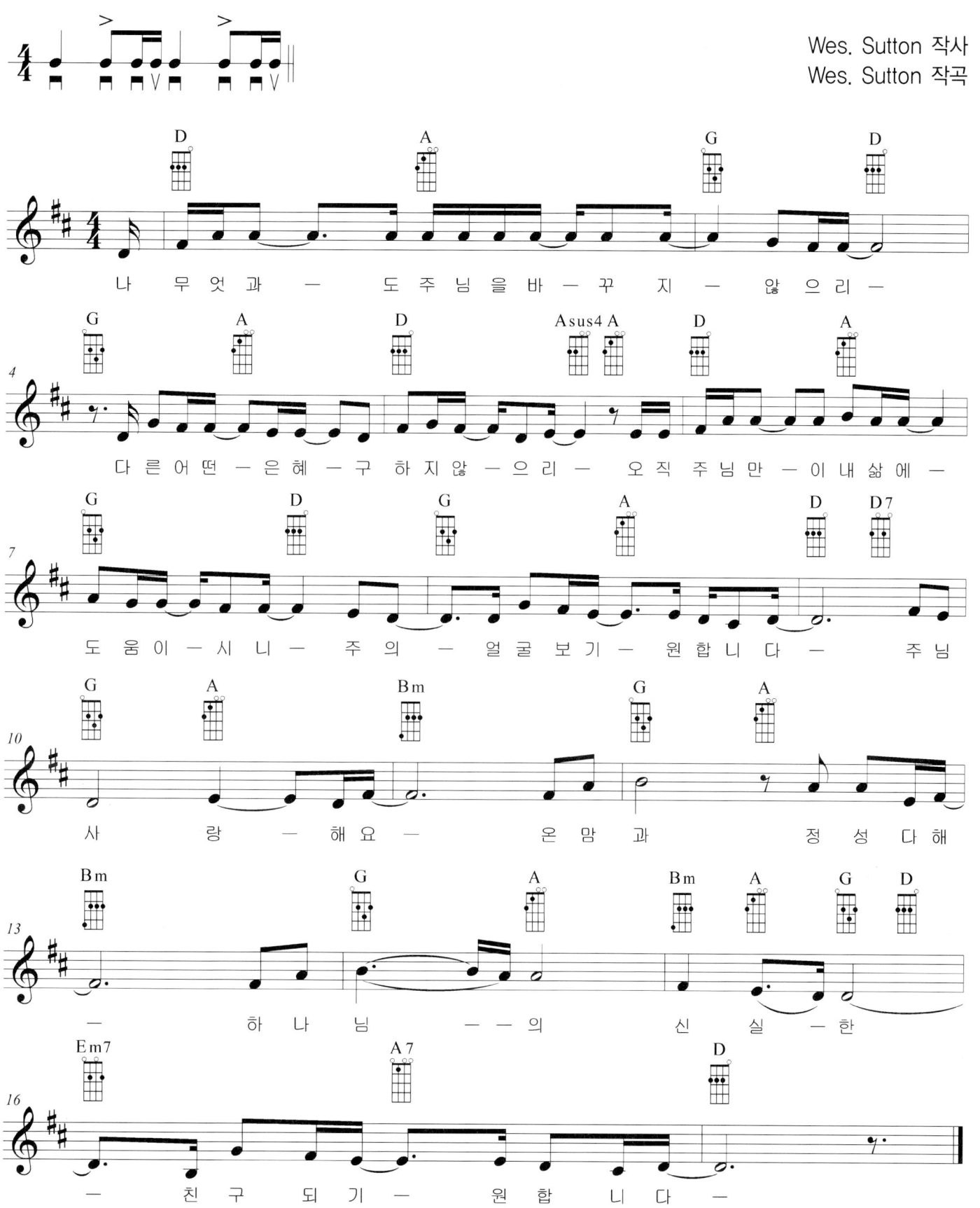

나 자유 얻었네

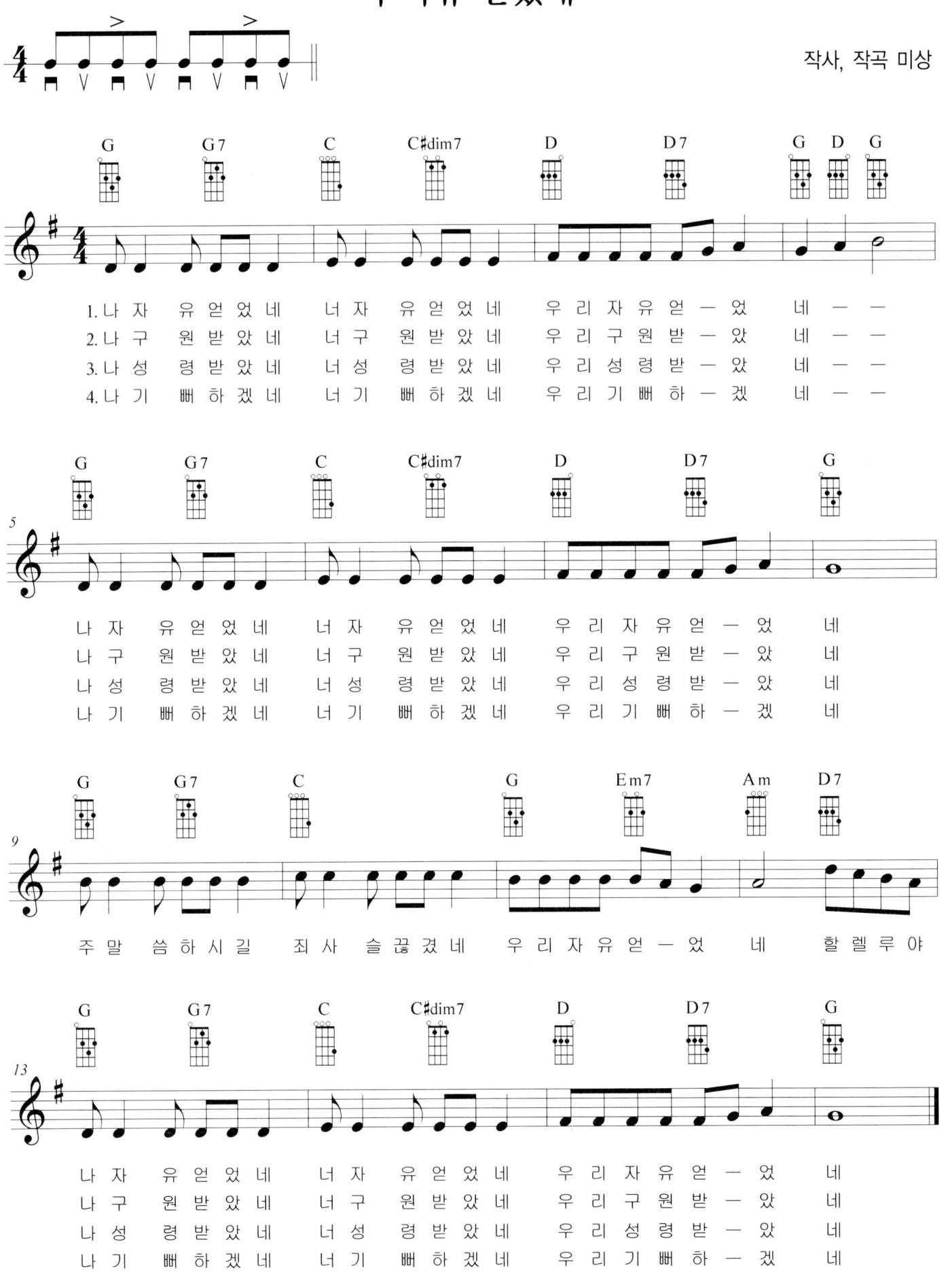

나의 안에 거하라

류수영 작사
류수영 작곡

나를 향한 주의 사랑
I Could Sing of Your Love Forever

Martin Smith 작사
Martin Smith 작곡

나 주의 믿음 갖고

John W. Peterson 작사
John W. Peterson 작곡

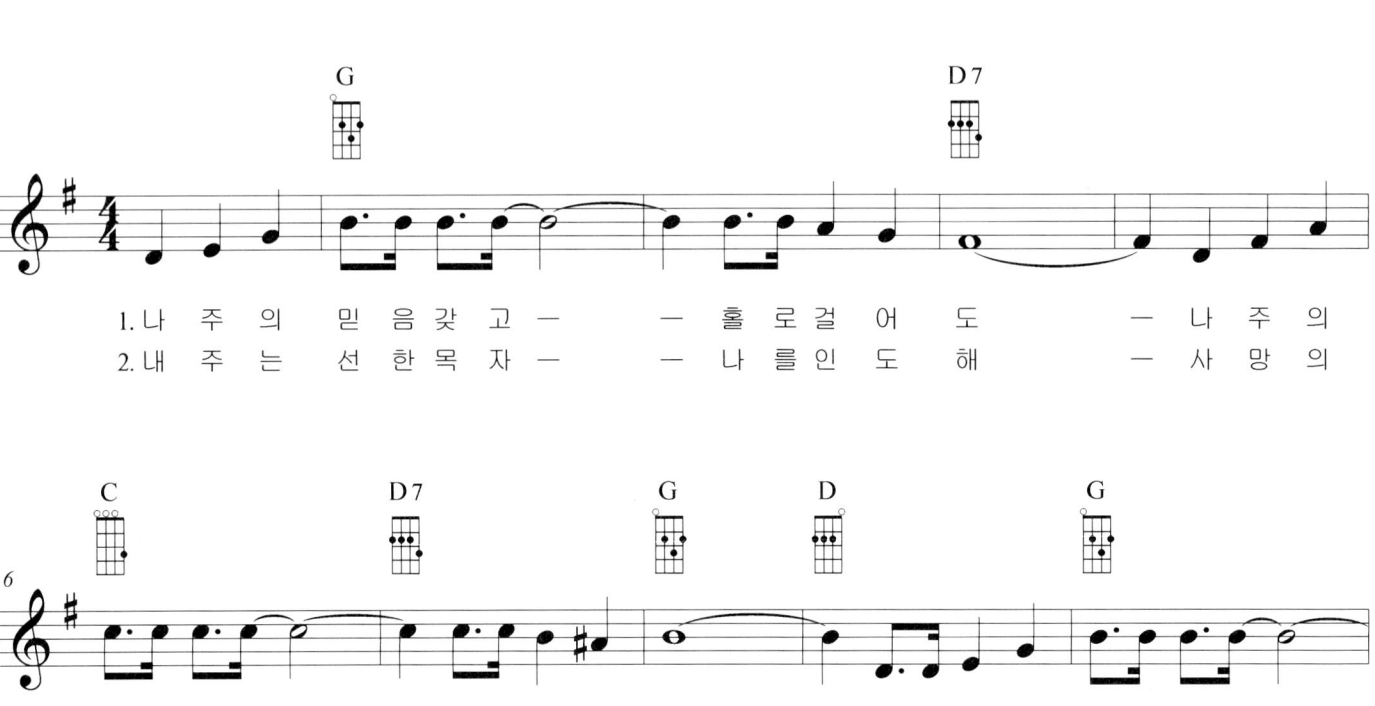

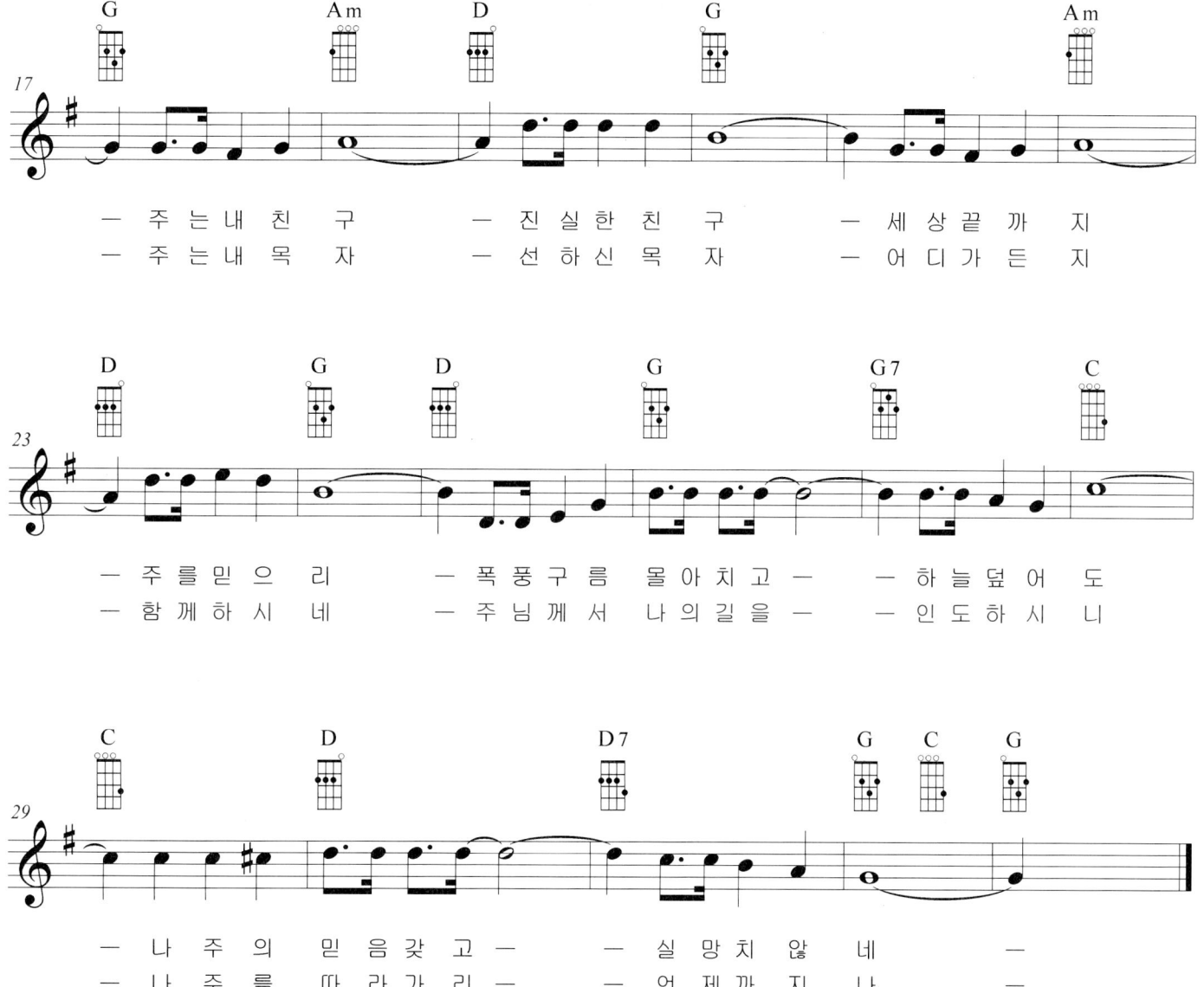

나를 사랑하는 주님

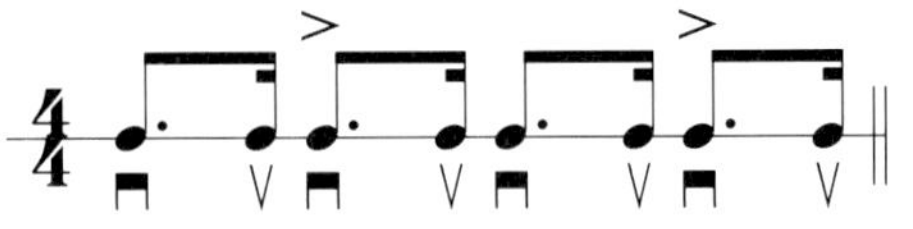

작사 미상
Tomcana 작곡

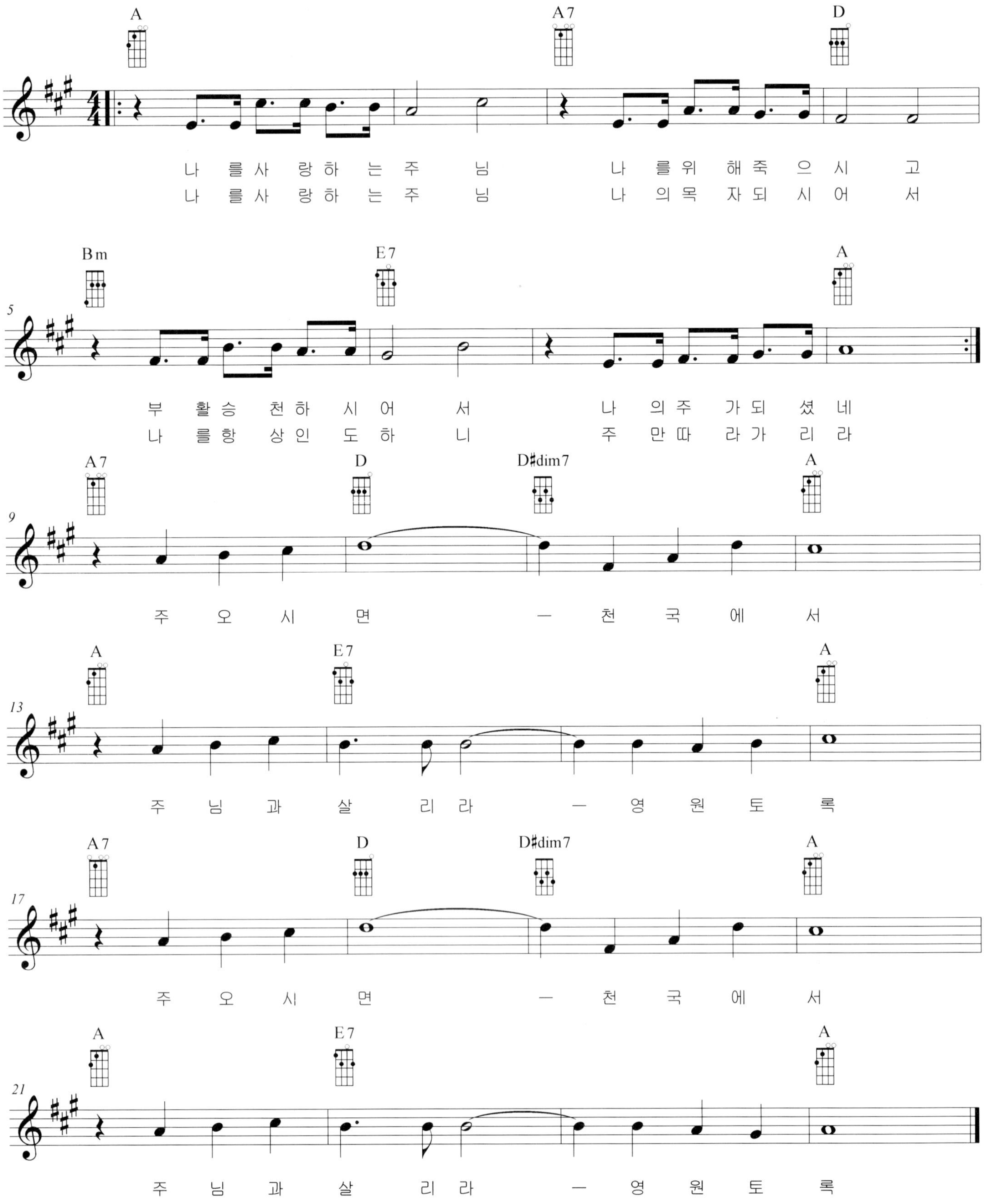

나를사랑하는주님 나를위해죽으시고
나를사랑하는주님 나의목자되시어서

부활승천하시어서 나의주가되셨네
나를항상인도하니 주만따라가리라

주 오시면 — 천 국 에 서

주 님 과 살 리 라 — 영 원 토 록

주 오시면 — 천 국 에 서

주 님 과 살 리 라 — 영 원 토 록

나의 발은 춤을 추며

작자 미상

나의 참 친구

김석균 작사
김석균 작곡

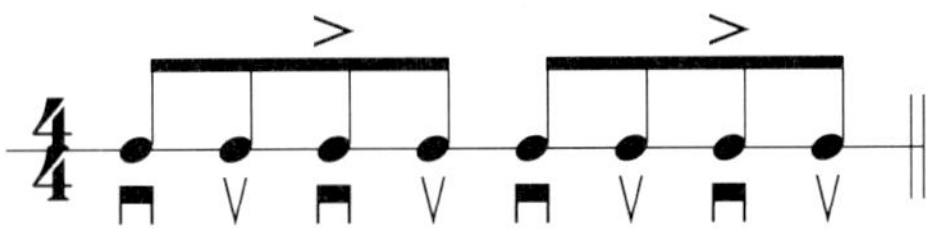

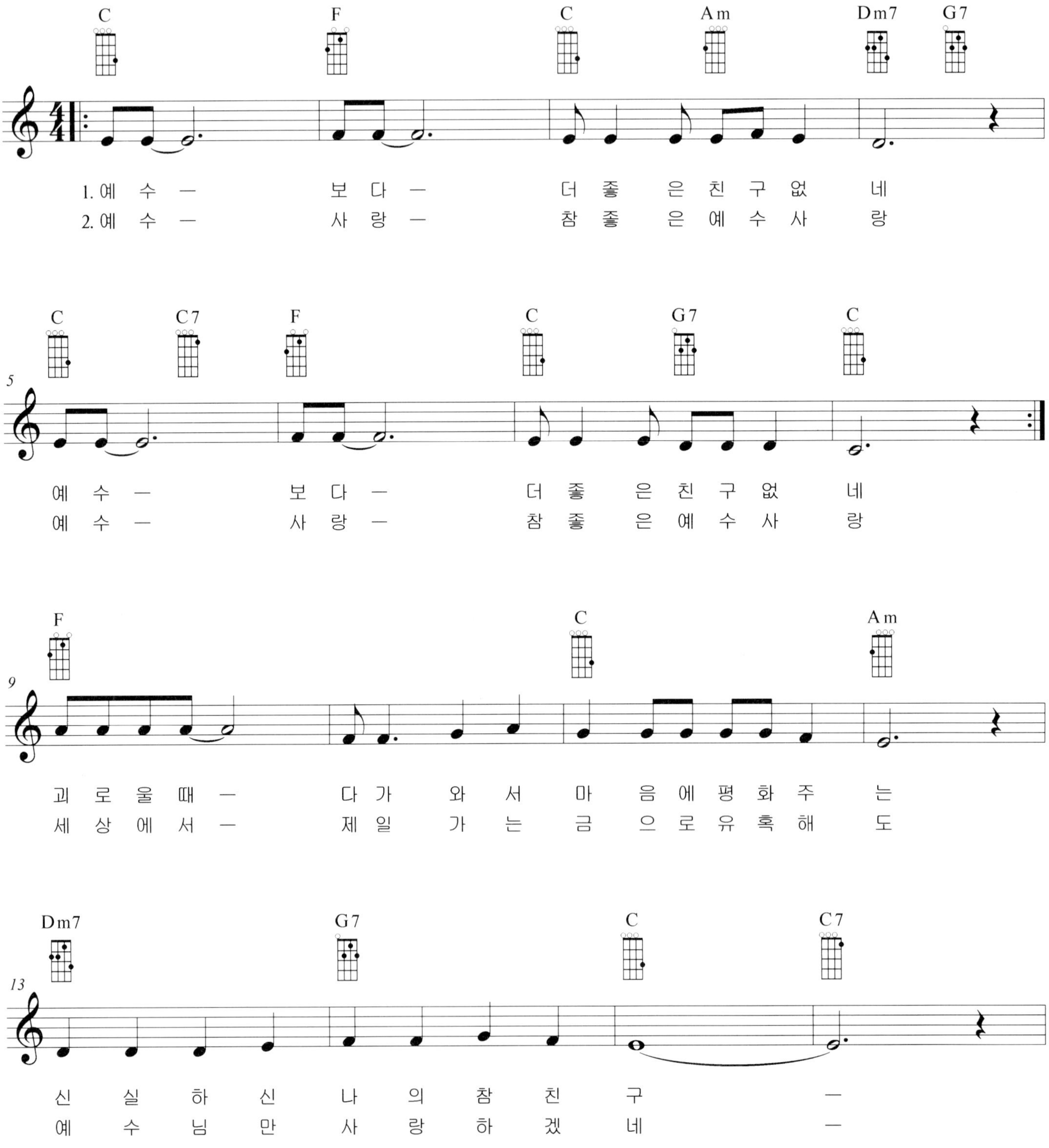
C F C Am Dm7 G7
1. 예 수 — 보 다 — 더 좋 은 친 구 없 네
2. 예 수 — 사 랑 — 참 좋 은 예 수 사 랑
C C7 F C G7 C
예 수 — 보 다 — 더 좋 은 친 구 없 네
예 수 — 사 랑 — 참 좋 은 예 수 사 랑
F C Am
괴 로 울 때 — 다 가 와 서 마 음 에 평 화 주 는
세 상 에 서 — 제 일 가 는 금 으 로 유 혹 해 도
Dm7 G7 C C7
신 실 하 신 나 의 참 친 구 —
예 수 님 만 사 랑 하 겠 네 —

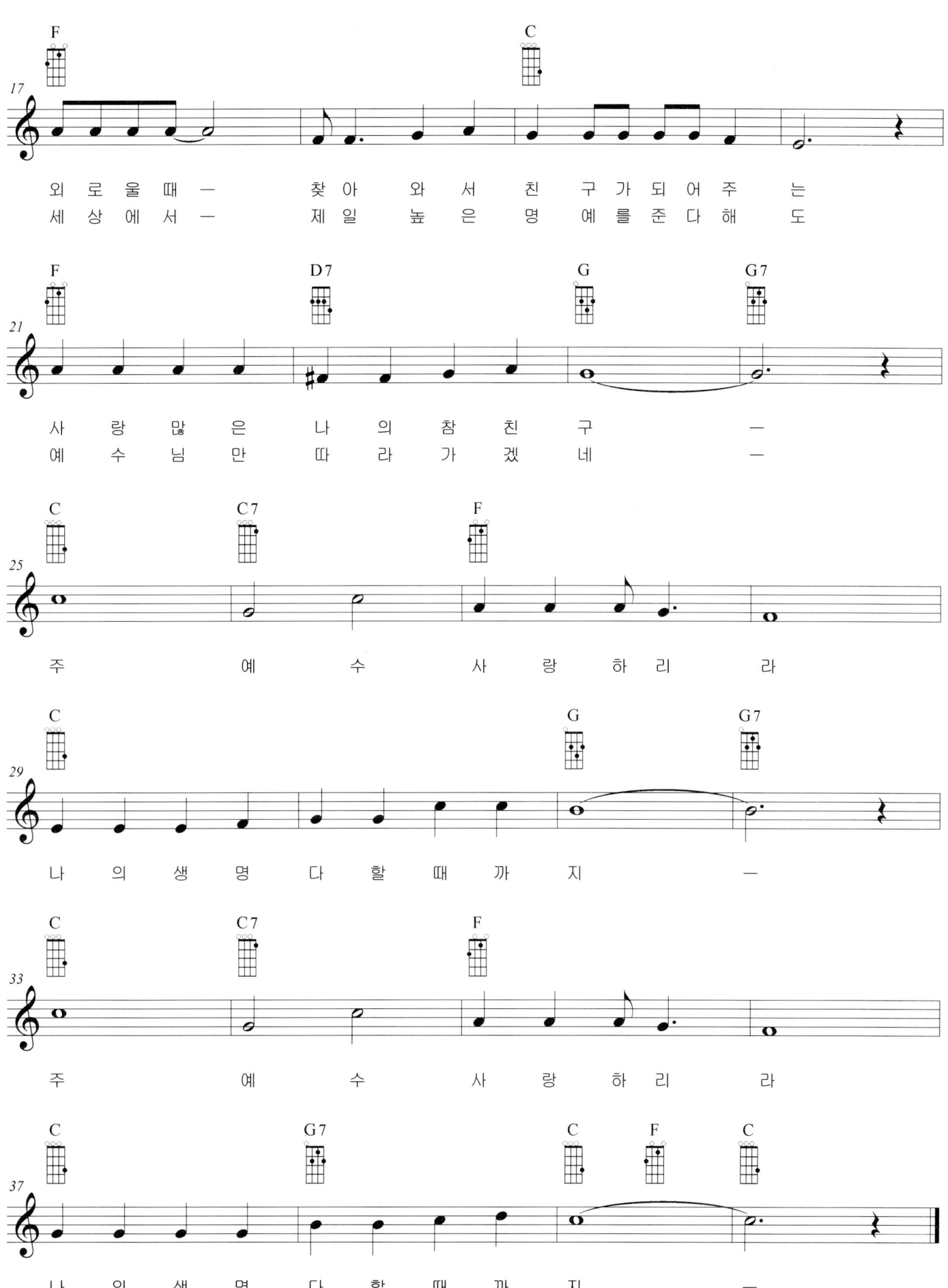

날 구원하신 주 감사

A. L. Storm 작사
J. A. Hultman 작곡

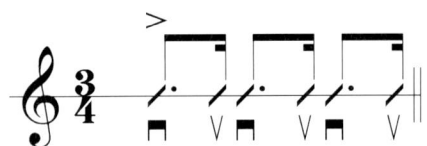

1. 날 구원 하신주 감사 모든 것 주신감사 지난추 억 인해
2. 응답하 신기도 감사 거절하 신것감사 헤쳐나 온 풍랑
3. 길가에 장미꽃 감사 장미가 시도감사 따스한 따 스한

감 사 주내곁 에계시네 향기론 봄철에 감사 외론
감 사 모든것 채우시네 아픔과 기쁨도 감사 절망
가 정 희망주 신것감사 기쁨과 슬픔도 감사 하늘

가 을날감사 사라진 눈물도감사 나의영 혼평안해
중 위로감사 측량못 할은혜감사 크신사 랑감사해
평 안을감사 내일의 희망을감사 영원토 록감사해

날마다 숨쉬는 순간 마다

낮은 자의 하나님

양영금 작사
유상렬 작곡

나의가장 낮은마음 주님께서 기뻐하시고
내가지쳐 무력할때 주님내게 힘이되시고

작은일에 큰기쁨을 느끼게하시는도 - 다 -
아름다운 하늘나라 내맘에주시는도 - 다 -

우리에게 축복하신 하나님사랑

내 평생 사는 동안

Donya Brockway 작사
Donya Brockway 작곡

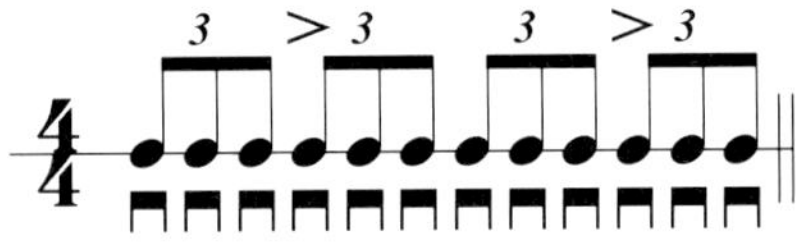

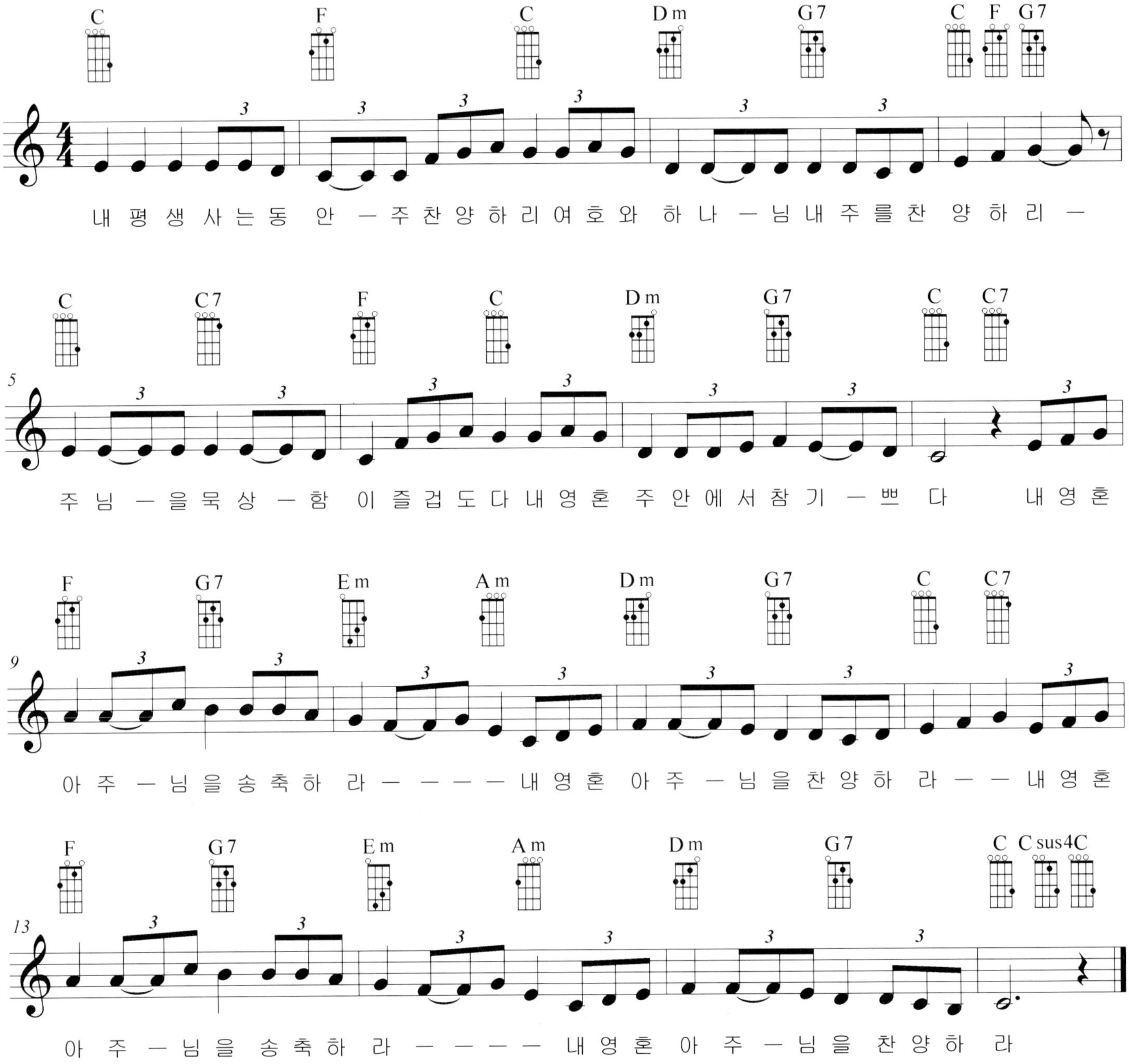

누군가 널 위하여

Lanny Wolfe 작사
Lanny Wolfe 작곡

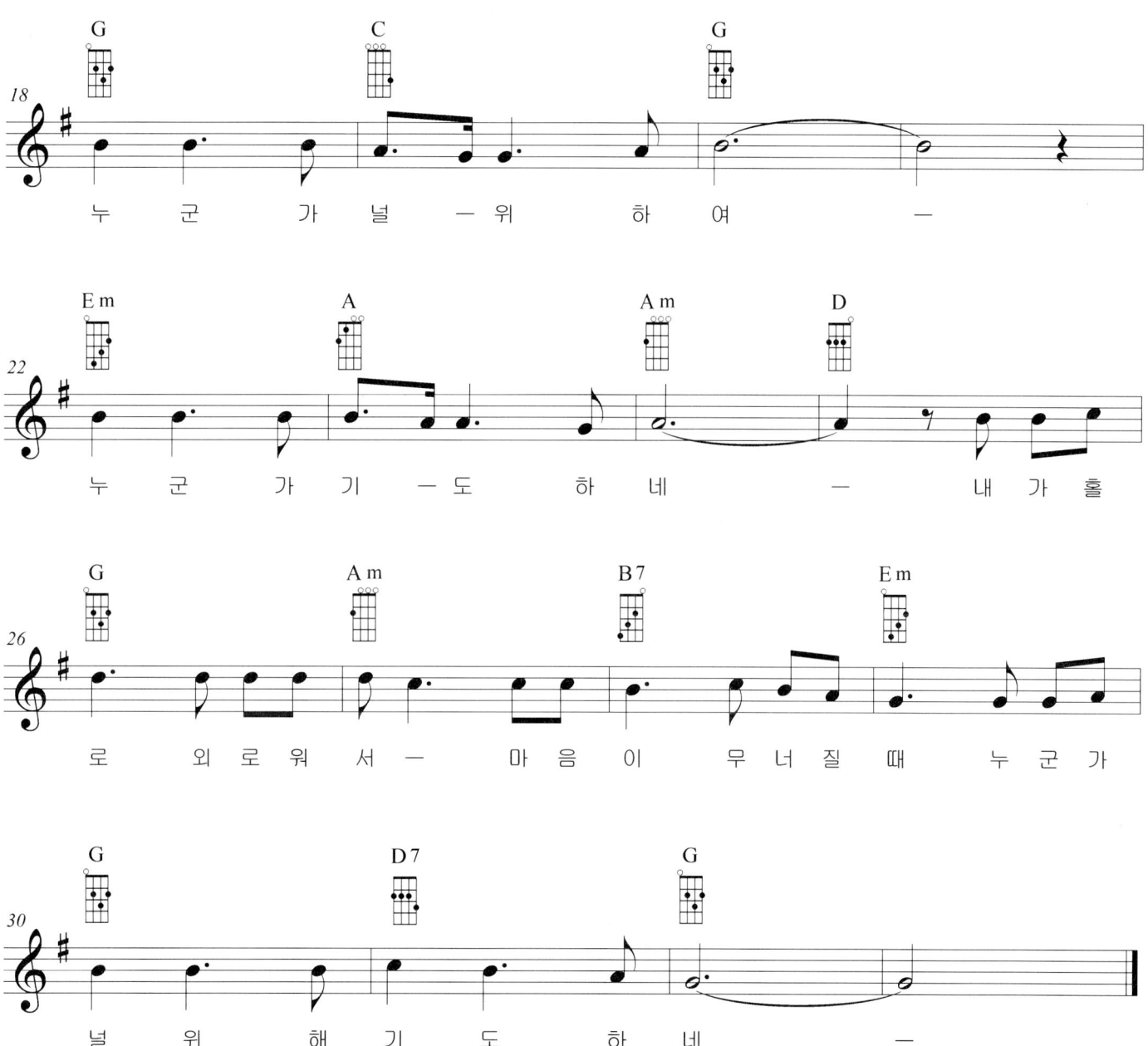

내게 강 같은 평화

흑인영가

때가 차매

작자 미상

때 가 차 매 — 아 버 지 께
— 신 령 과 진 정 으 로 예 배 드 리 네 —
— 때 가 차 매 — 아 버 지 께
— 신 령 과 진 정 으 로 예 배 드 리 네 —

다 와서 찬양해

Patricia Morgan 작사
Dave Bankhead 작곡

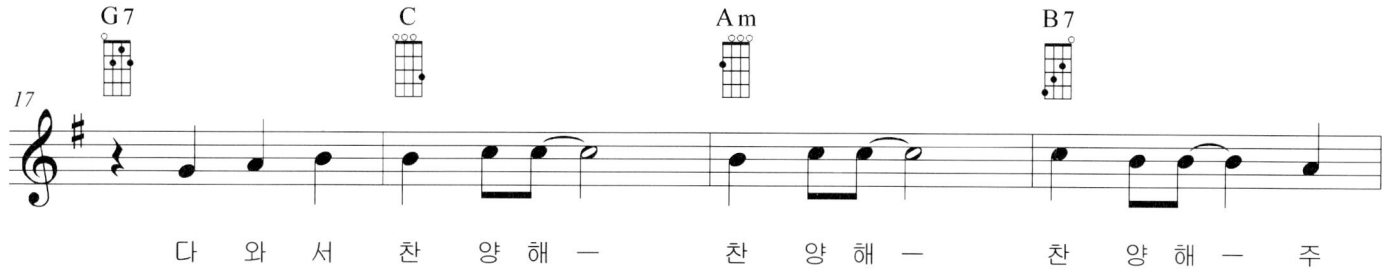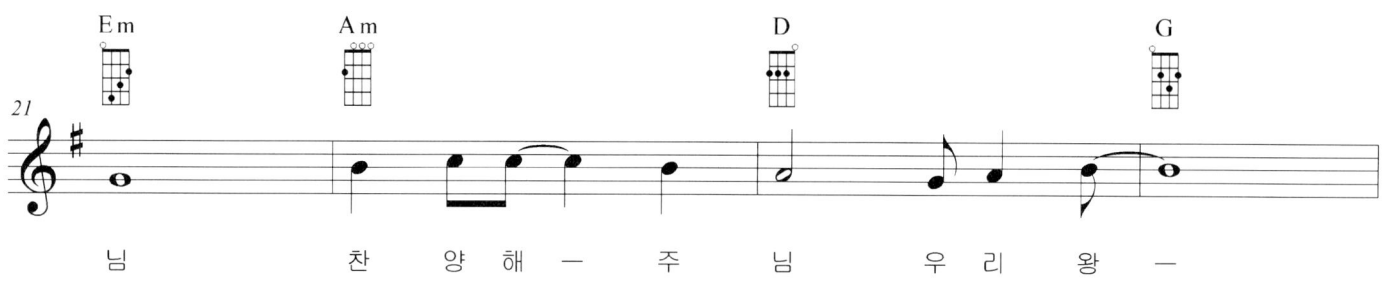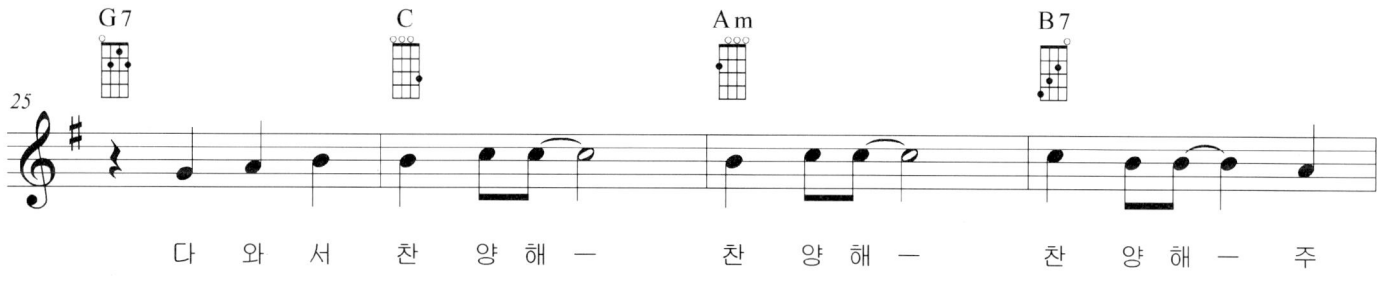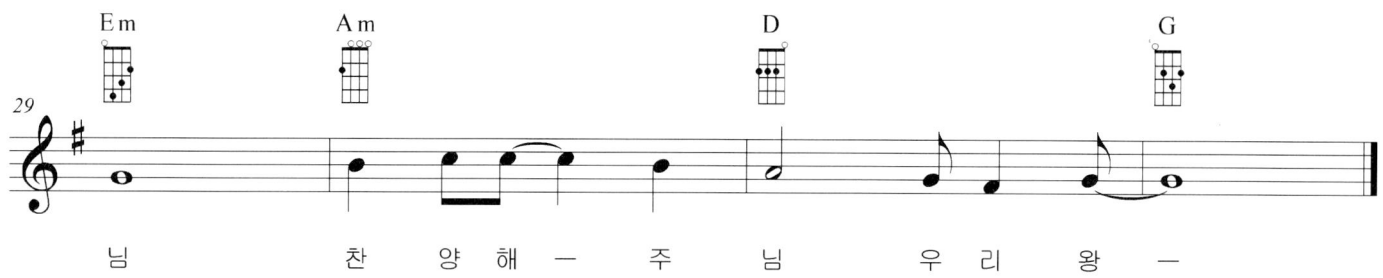

당신은 사랑받기 위해 태어난 사람

이민섭 작사
이민섭 작곡

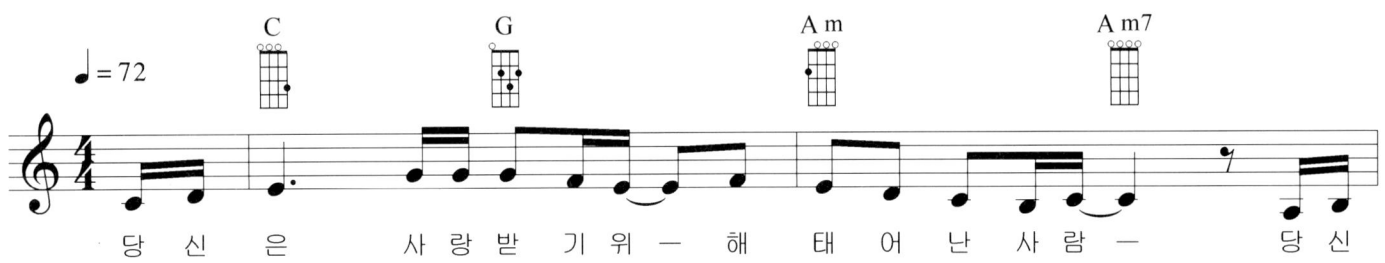

당신은 사랑받기 위—해 태어난 사람— 당신

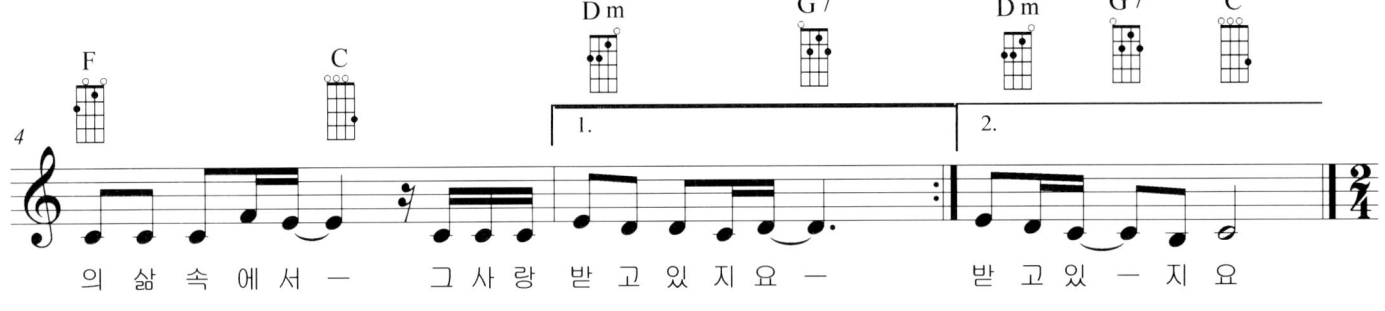

의 삶 속에서— 그 사랑 받고 있지요— 받고 있—지요

태초부터— 시작된 하나님—의 사랑은__ 우리

당신을 향한 노래
(아주 먼 옛날 하늘에서는)

천태혁 작사
진경 작곡

마지막 날에

이천 작사
이천 작곡

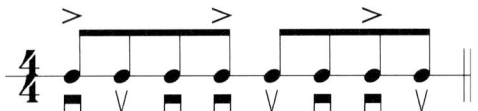

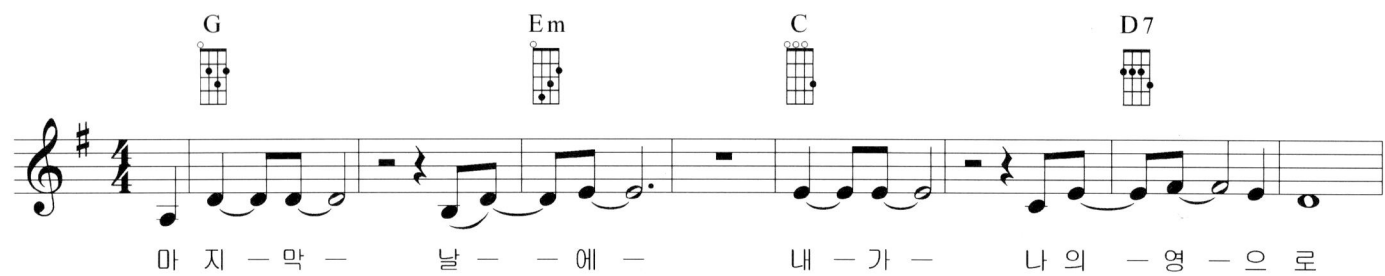
마지막 날에 내가 나의 영으로

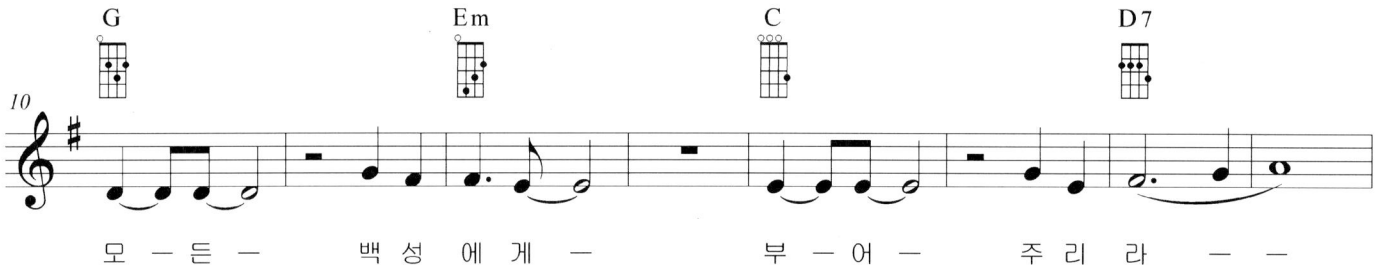
모든 백성에게 부어 주리라

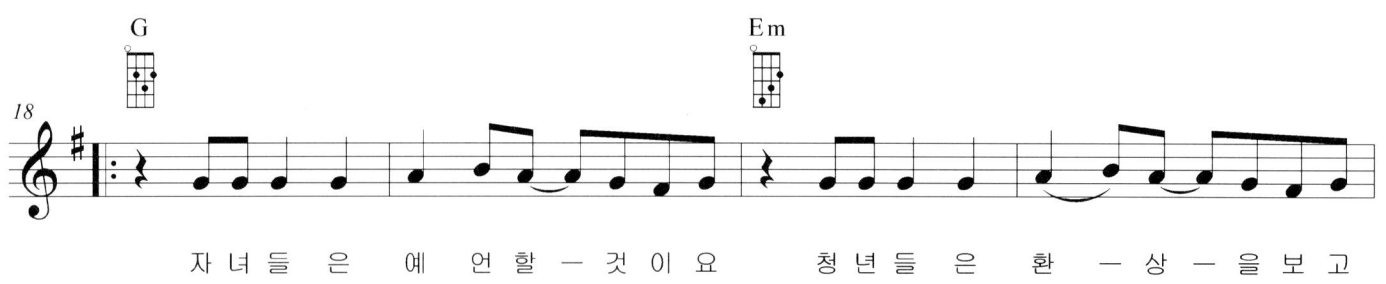
자녀들은 예언할 것이요 청년들은 환상을 보고

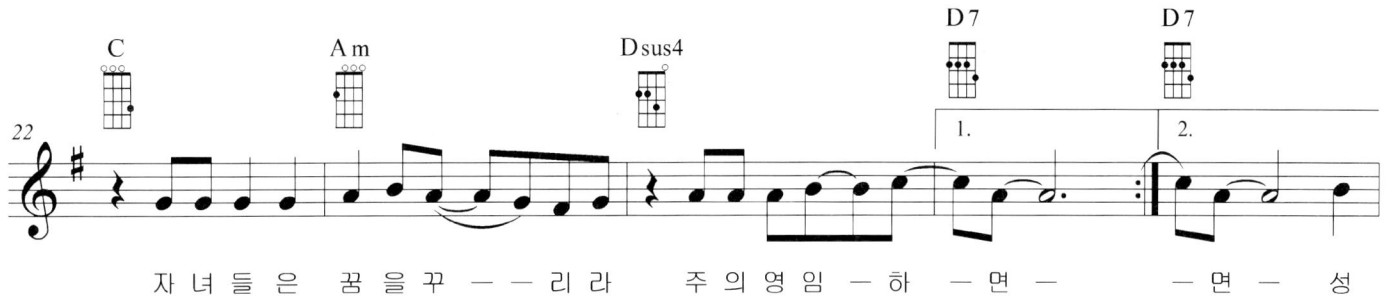
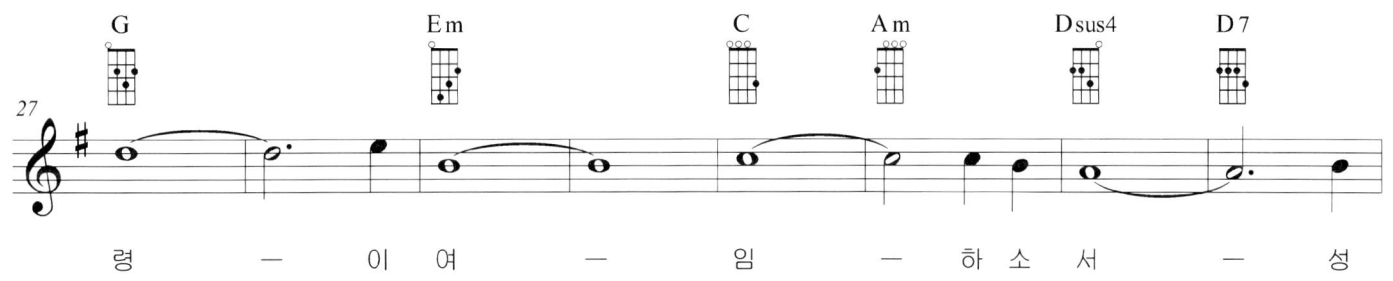

먼저 그 나라와 의를 구하라

Karen Lafferty 작사
Karen Lafferty 작곡

목마른 사슴

Martin Nystrom 작사
Martin Nystrom 작곡

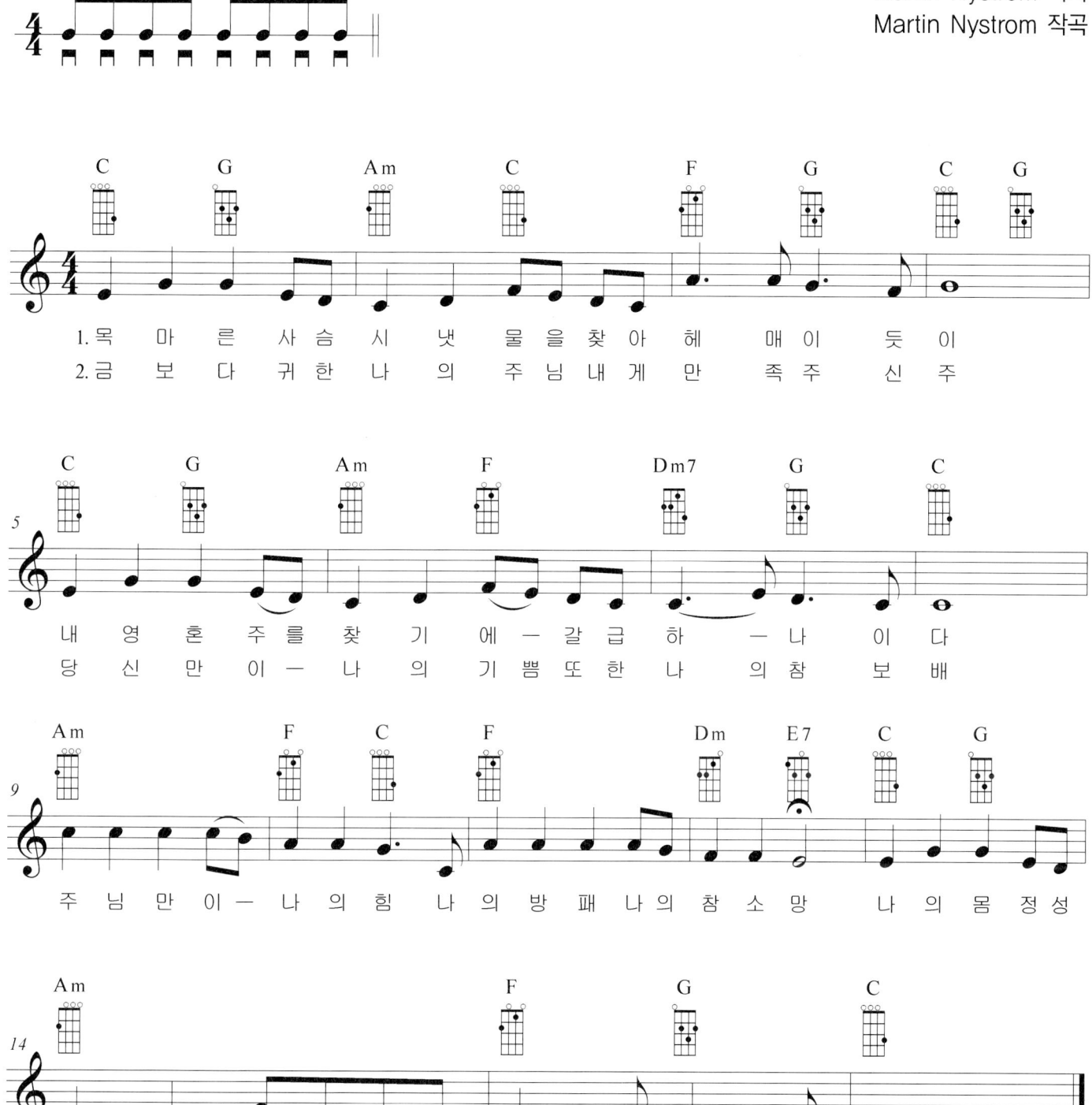

문들아 머리들어라

작자 미상
시 24:7

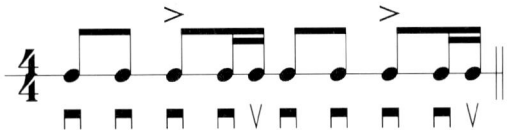

문들아 머리들—어라 들릴지어다 영원한 문들아 영광

의 왕 들어가시도록 영광의 왕 들어가—신다

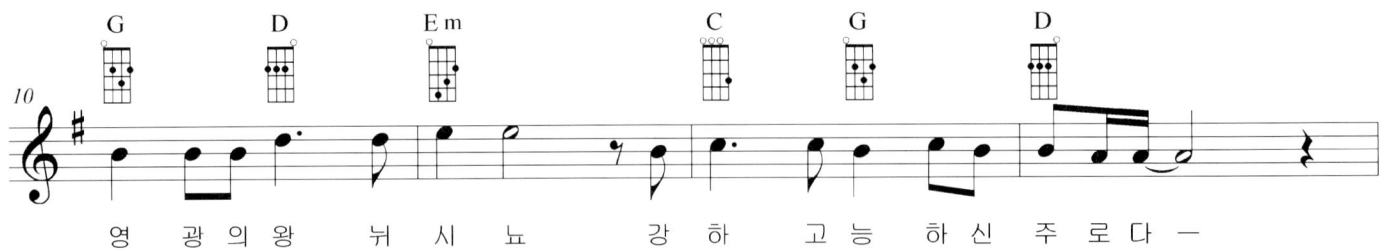

영광의왕 뉘시뇨 강하고능하신 주로다—

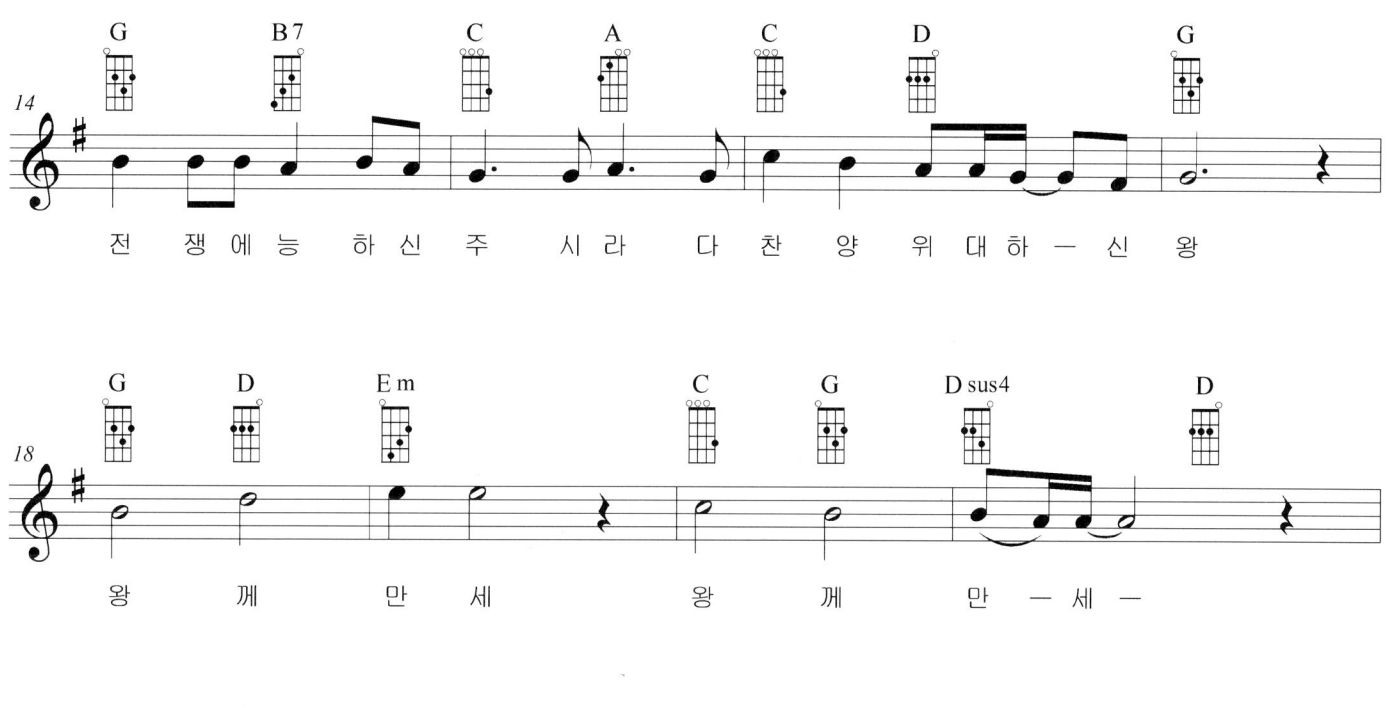

물이 바다 덮음 같이

고형원 작사
고형원 작곡

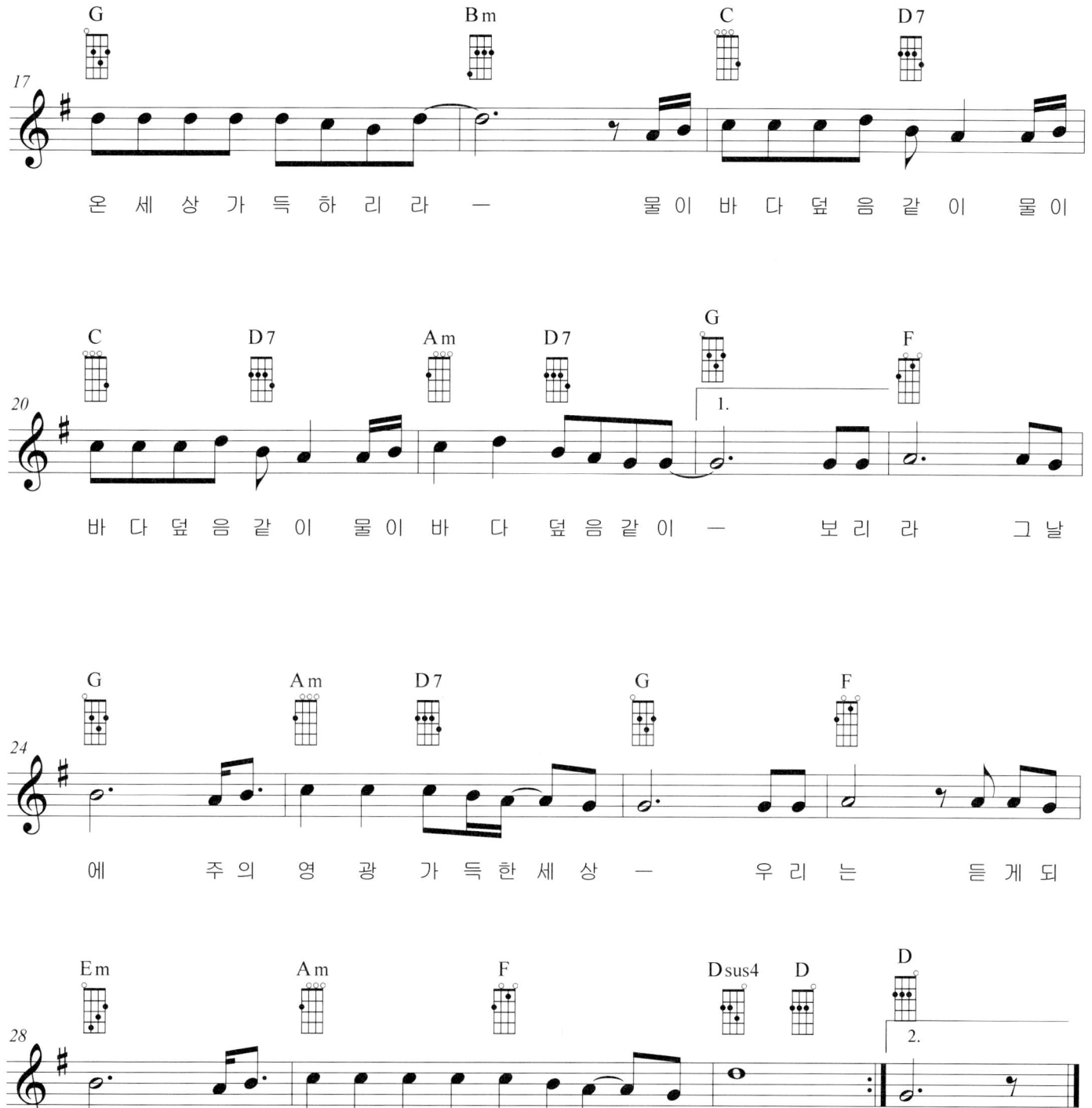

보라 새 일을

이길로

부르신 곳에서

김준영 작사
송은정 작곡

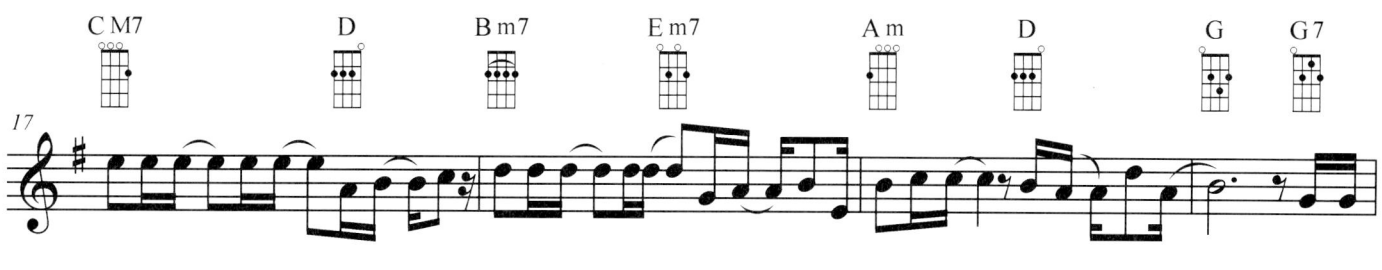

걸어갈 — 때 길 — 이 되 — 고 살아갈 — 때 삶 — 이 되는 그 곳에서 — 예배 — 하네 —   내가

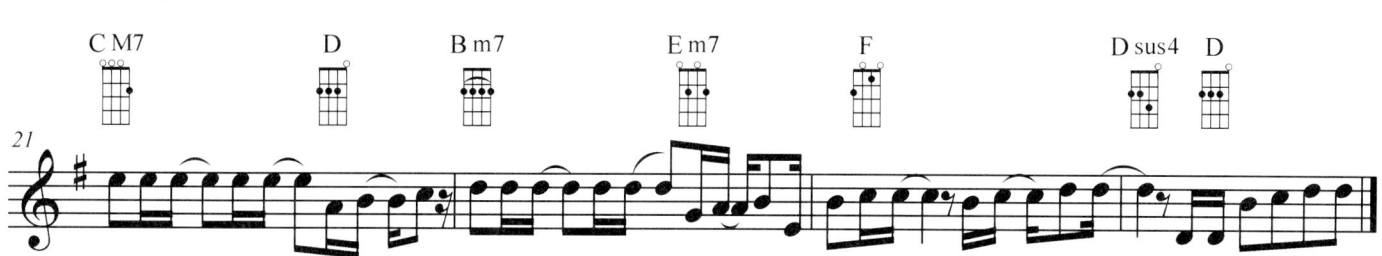

걸어갈 — 때 길 — 이 되 — 고 살아갈 — 때 삶 — 이 되는 그 곳에서 — 예배 — 하네 — 부르신 곳에서

D.S. al Fine

빛 되신 주
Here I am to worship

Tim Hughes 작사
Tim Hughes 작곡

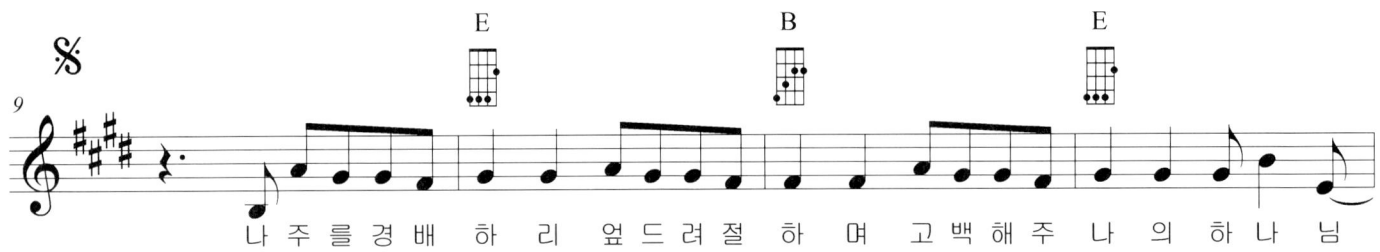

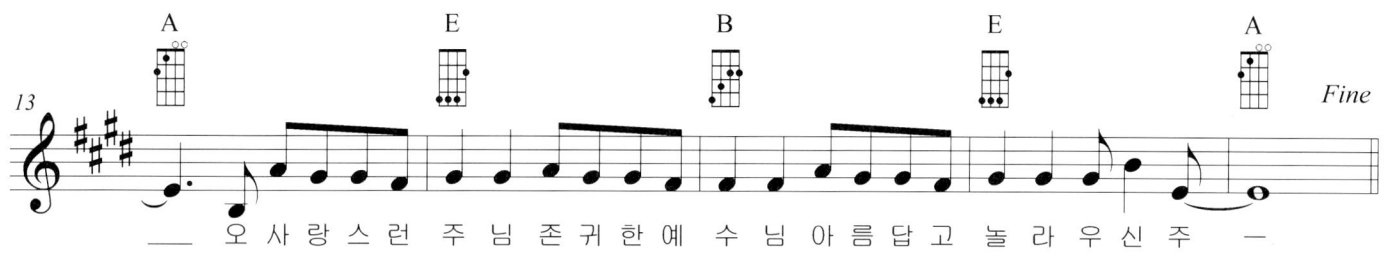
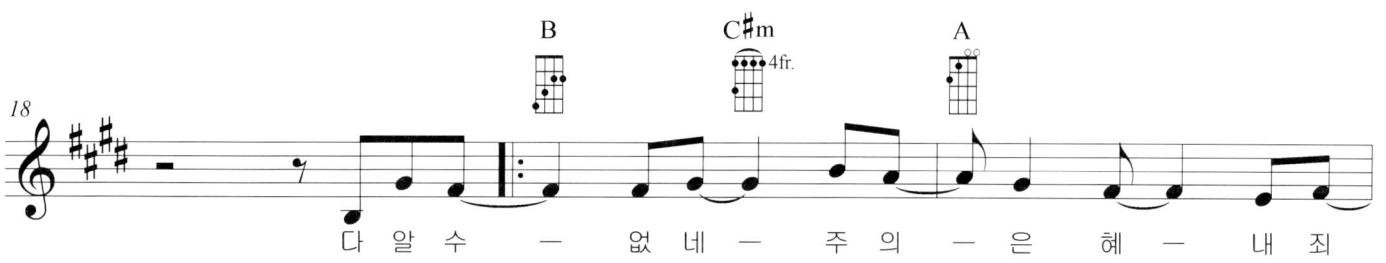
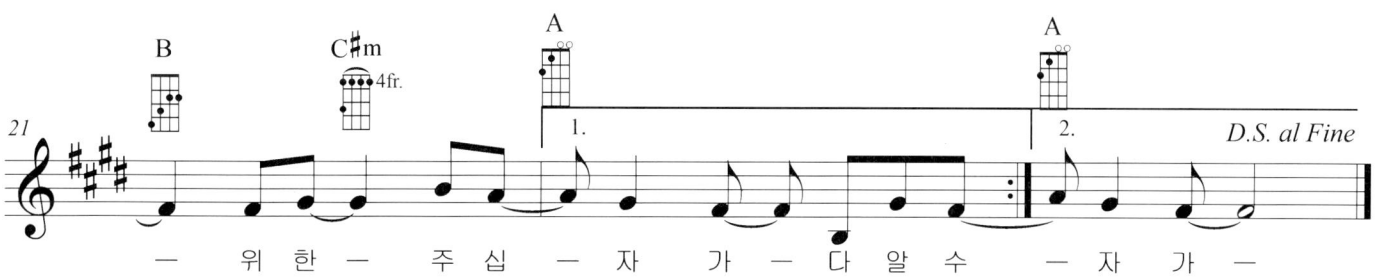

사랑은

고린도전서 13장
정두영 작곡

사랑의 주님이

작자 미상

사랑의 주님이 날 사랑 하시네 내 모습 이대로 받으셨네 사랑의 주님이 날 사랑 하듯이 나도 너를 사랑하며 섬기리

선포하라
All Heaven Declares

Noel Richards 작사
Tricia Richards 작곡

사랑하는 나의 아버지

Bob Fitts 작사
Bob Fitts 작곡

살아 계신 주

G. O. Webster 작사
W. G. Gaither 작곡

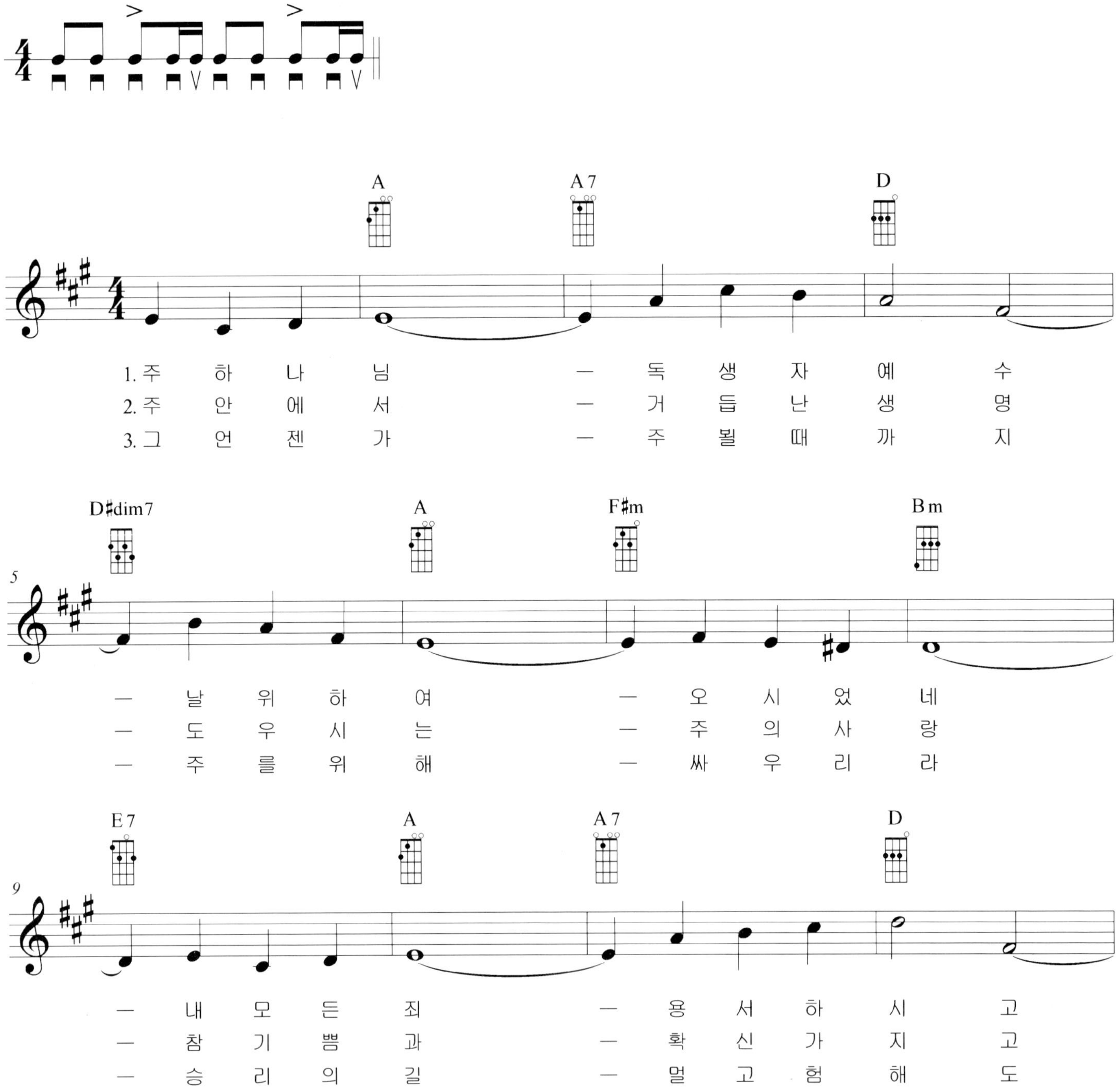
A
A 7
D
1. 주 하 나 님 — 독 생 자 예 수
2. 주 안 에 서 — 거 듭 난 생 명
3. 그 언 젠 가 — 주 뵐 때 까 지
D♯dim7
A
F♯m
B m
5
— 날 위 하 여 — 오 시 었 네
— 도 우 시 는 — 주 의 사 랑
— 주 를 위 해 — 싸 우 리 라
E 7
A
A 7
D
9
— 내 모 든 죄 — 용 서 하 시 고
— 참 기 쁨 과 — 확 신 가 지 고
— 승 리 의 길 — 멀 고 험 해 도

실로암

신상근 작사
신상근 작곡

어 두 운 밤에 캄캄한 밤에 새벽을 찾아 떠난다 —
가 처음 만난 그 때는 차가운 새벽이었소 —

종이 울리고 닭이 울어
주님 맘 속에 여명 있음

도 내 눈에는 오직 밤 이었소 — 우리
을 나는 느낄 수 가 있었소 —

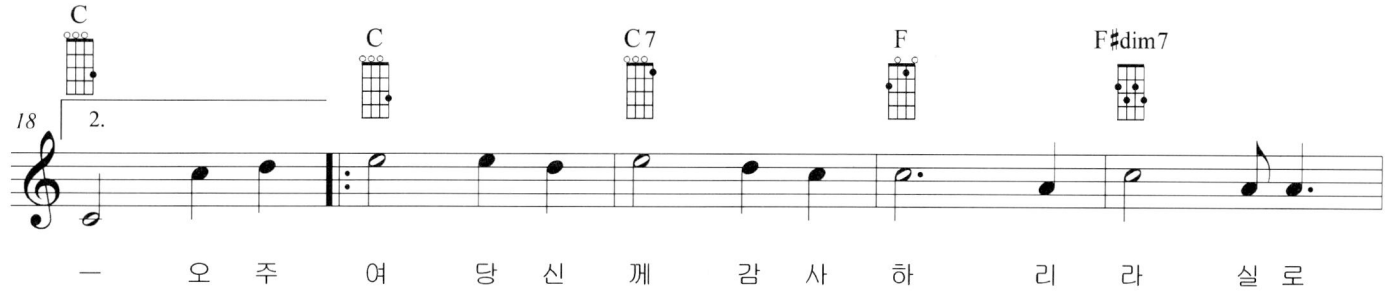
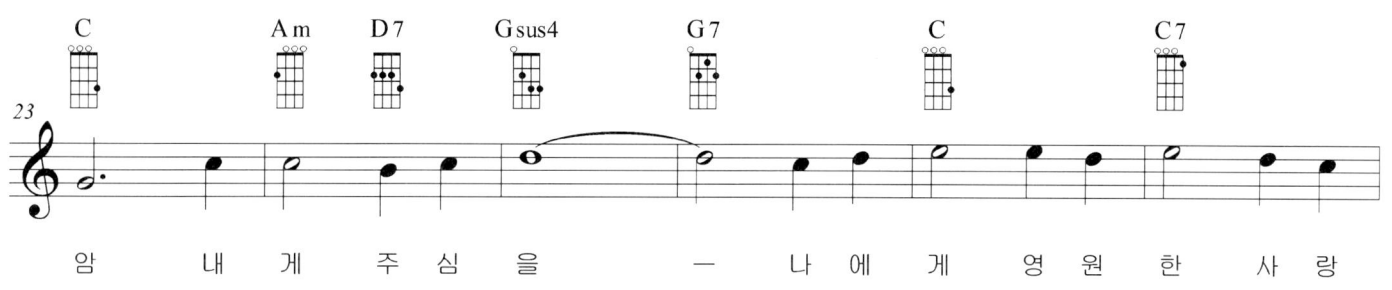
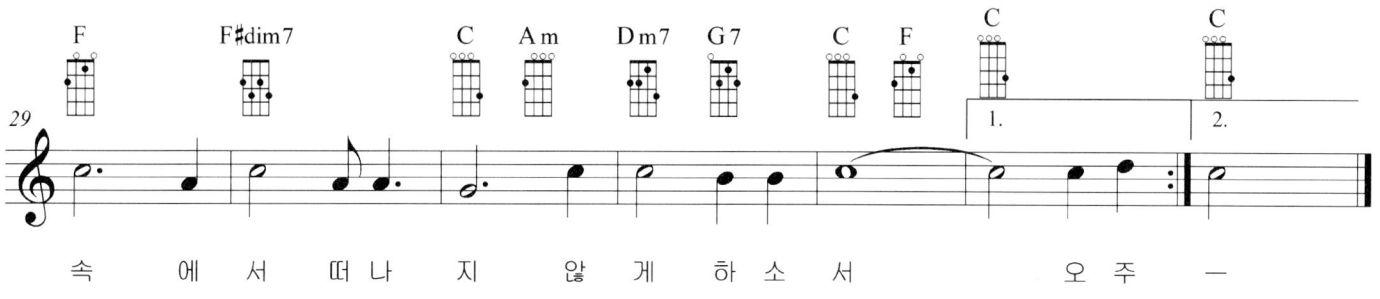

손을 높이 들고

John Kennett 작사
John Kennett 작곡

아름다운 마음들이 모여서

작자 미상

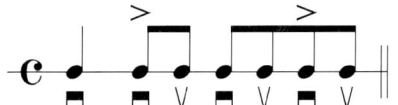

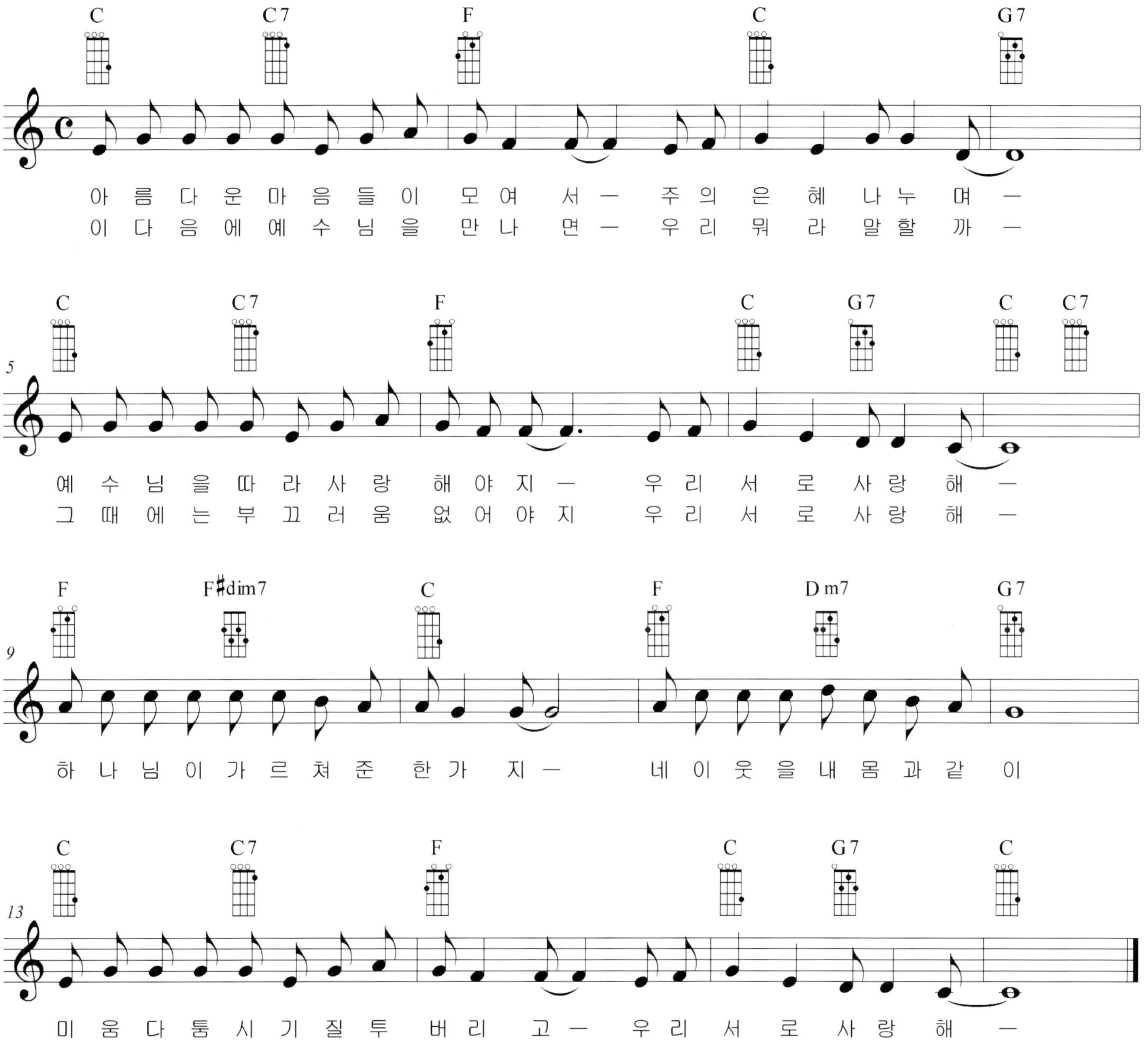
C C7 F C G7
아 름 다 운 마 음 들 이 모 여 서 — 주 의 은 혜 나 누 며 —
이 다 음 에 예 수 님 을 만 나 면 — 우 리 뭐 라 말 할 까 —
C C7 F C G7 C C7
예 수 님 을 따 라 사 랑 해 야 지 — 우 리 서 로 사 랑 해 —
그 때 에 는 부 끄 러 움 없 어 야 지 우 리 서 로 사 랑 해 —
F F♯dim7 C F Dm7 G7
하 나 님 이 가 르 쳐 준 한 가 지 — 네 이 웃 을 내 몸 과 같 이
C C7 F C G7 C
미 움 다 툼 시 기 질 투 버 리 고 — 우 리 서 로 사 랑 해 —

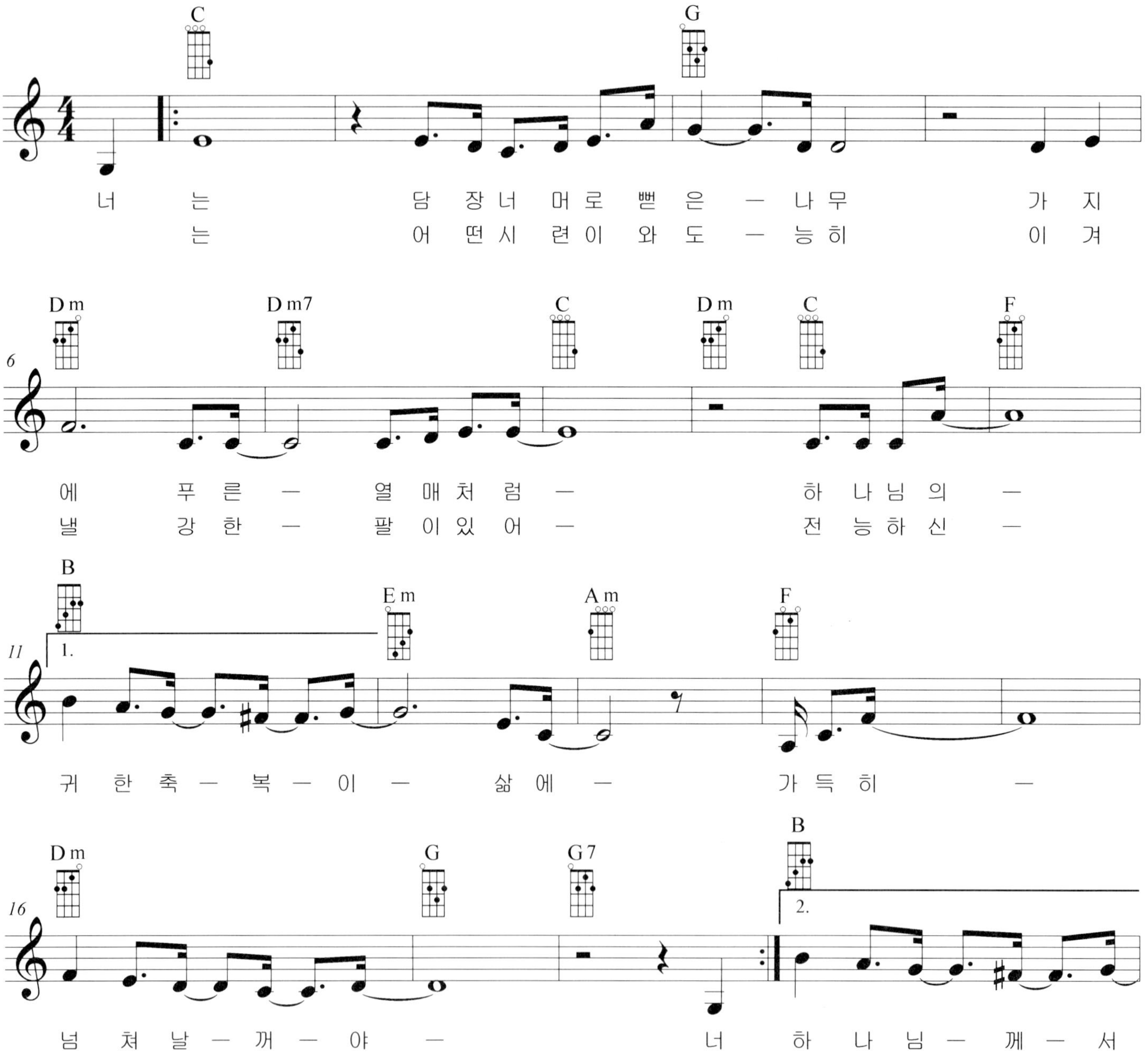

예수 우리 왕이여

Paul Kyle 작사
Paul Kyle 작곡

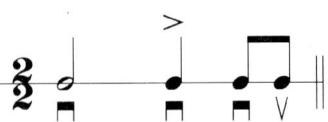

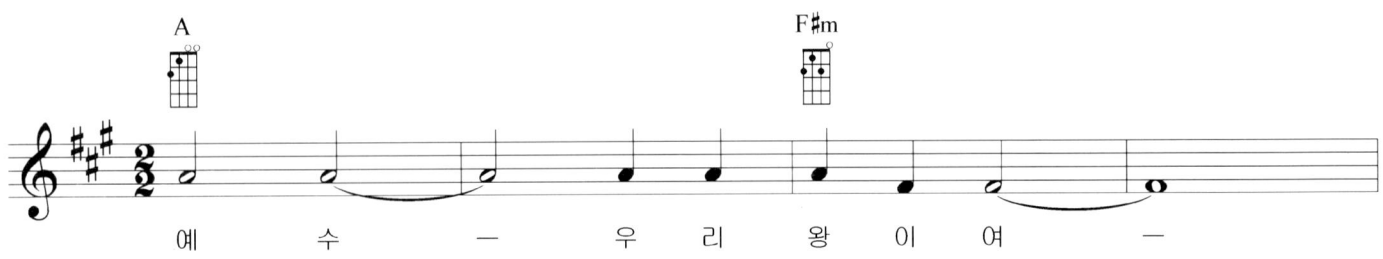

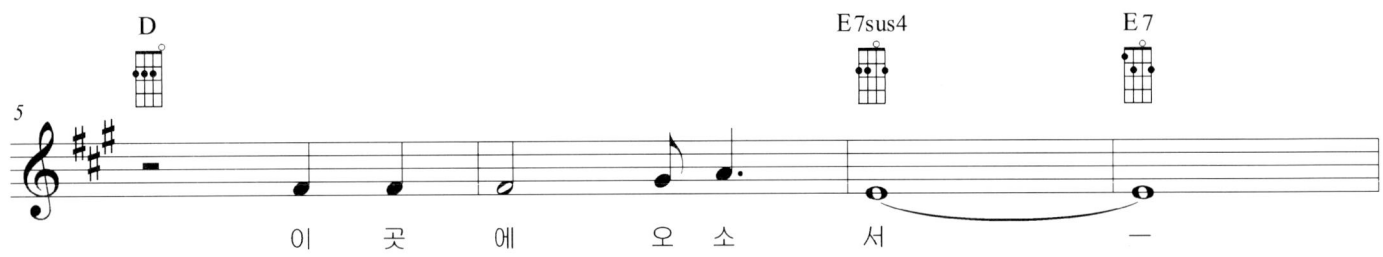

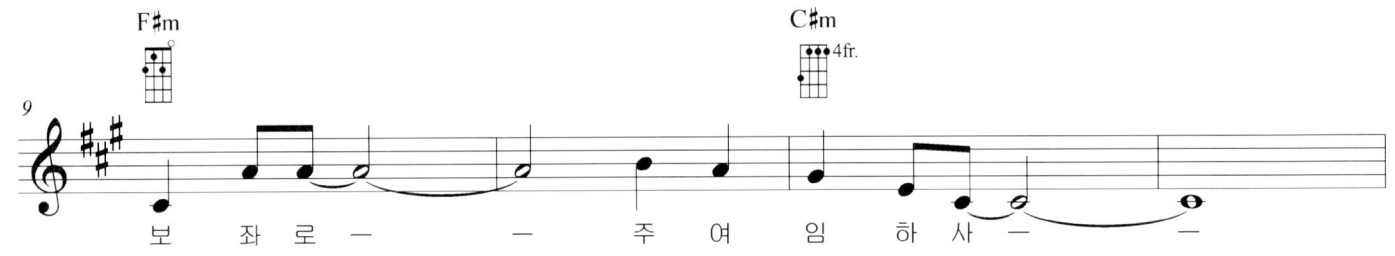

예수 이름으로

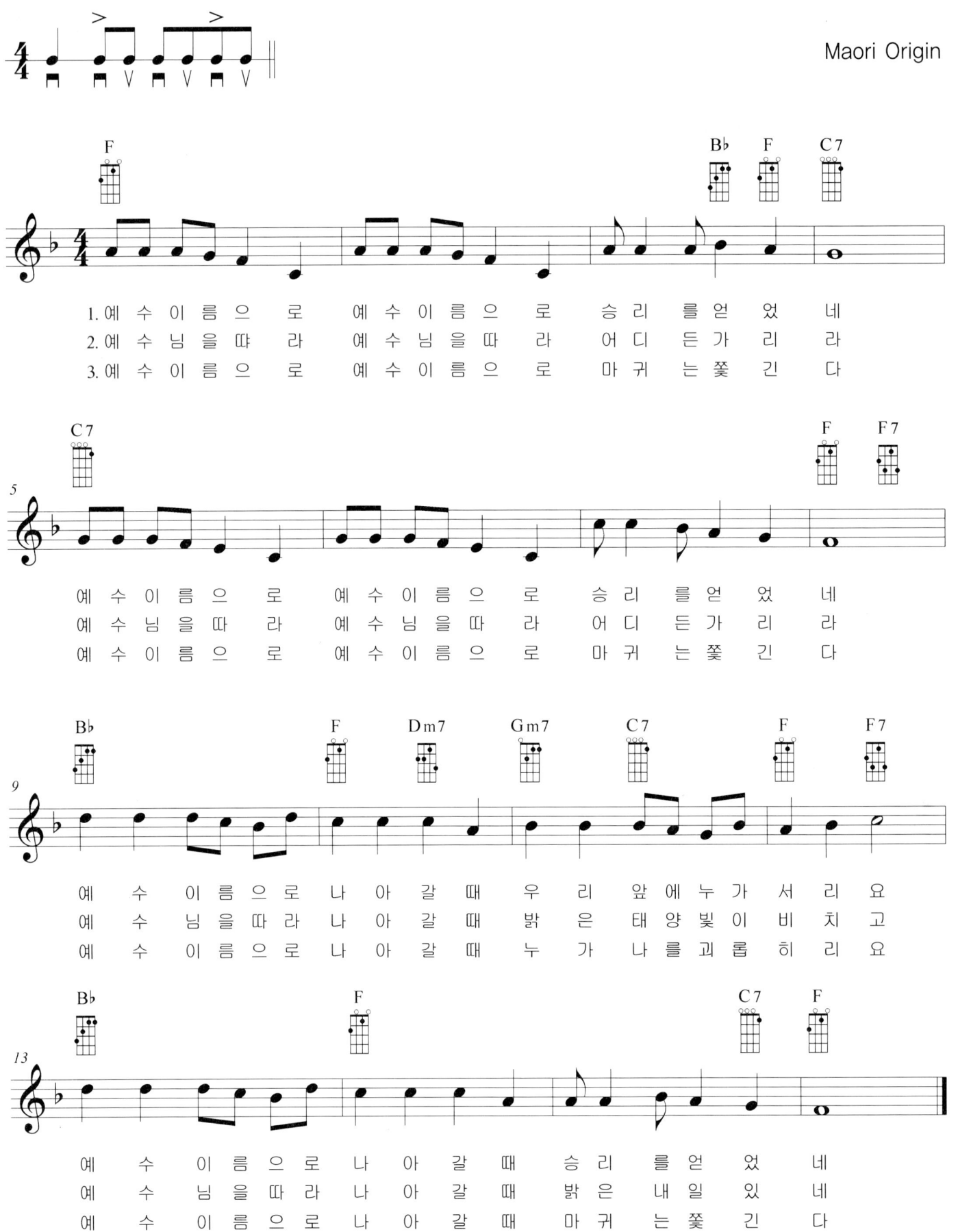

Maori Origin

예수 이름이 온 땅에

김화랑 작사
김화랑 작곡

예수가 좋다오

김석균 작사
김석균 작곡

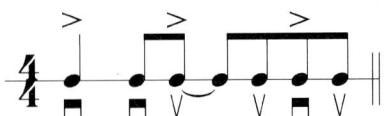

1. 많은 사람들 참된 진리를 모른 채 주님 곁을 떠나 갔지만 내가 만난 주님은 참 사랑이었고
2. 무거운 짐진 자 다 내게로 오라 내가 너를 쉬게 하리라 이 길만이 생명의 길 참 복된 길이라
3. 그대가 만일 참된 행복을 찾거든 예수님을 만나보세요 그분으로 인하여 참 평안을 얻으면

예수보다 더 좋은 친구없네

오 나의 자비로운 주여

John Wimber 작사
John Wimber 작곡

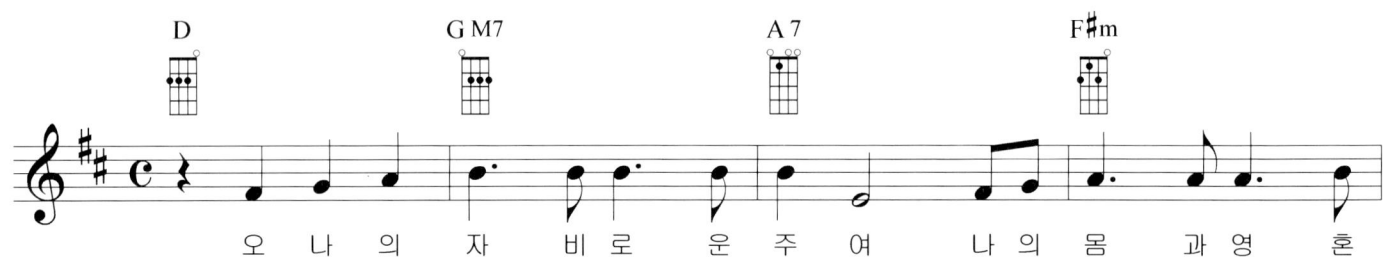
오 나의 자 비 로 운 주 여 나의 몸 과 영 혼

을 주님은 혜로다 채워주소서

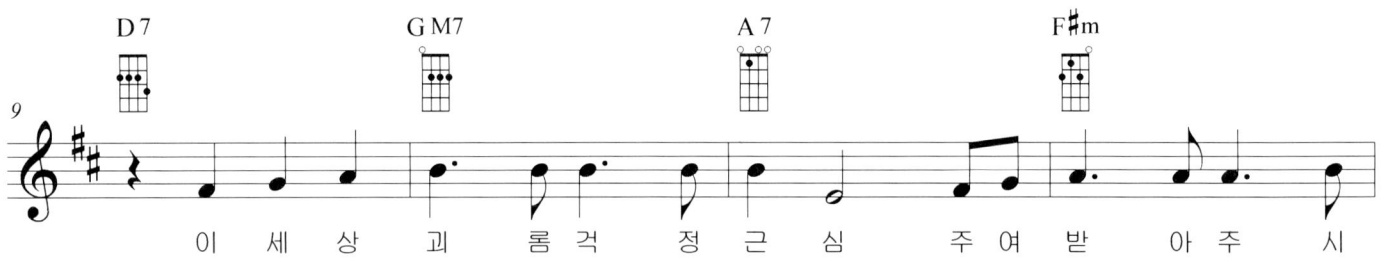
이 세상 괴 롬 걱 정 근 심 주여 받 아 주 시

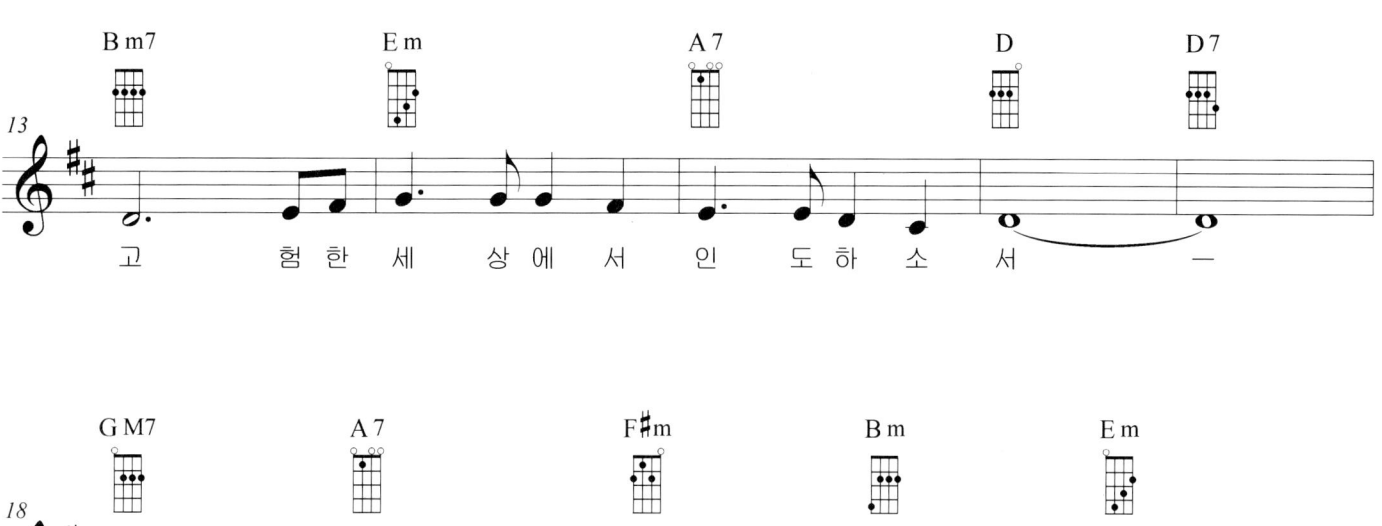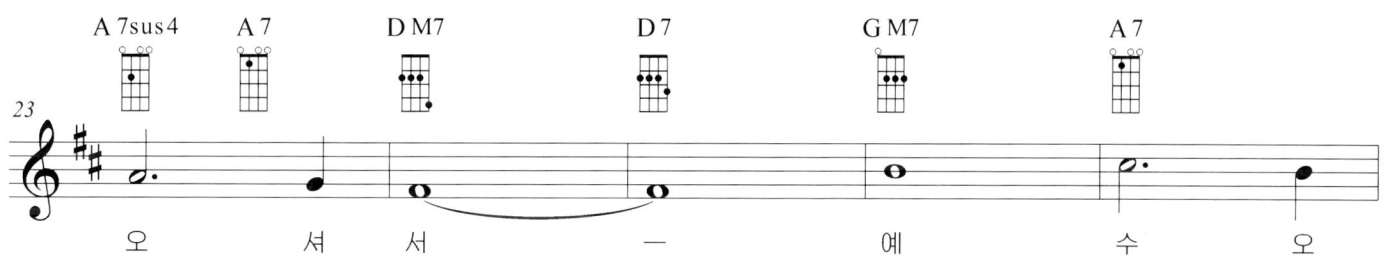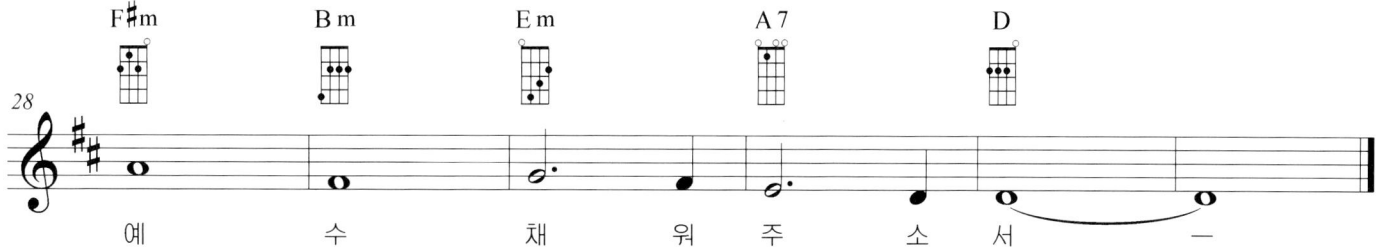

아름다운 이야기가 있네

John W. Peterson 작사
John W. Peterson 작곡

오 주여 나의 마음이

우리는 사랑의 띠로

심민보 작사
심민보 작곡

우리함께 기뻐해

Gary Hansen 작사
Gary Hansen 작곡

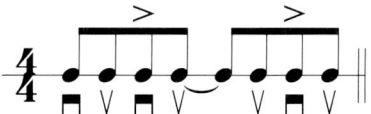

우물가의 여인처럼

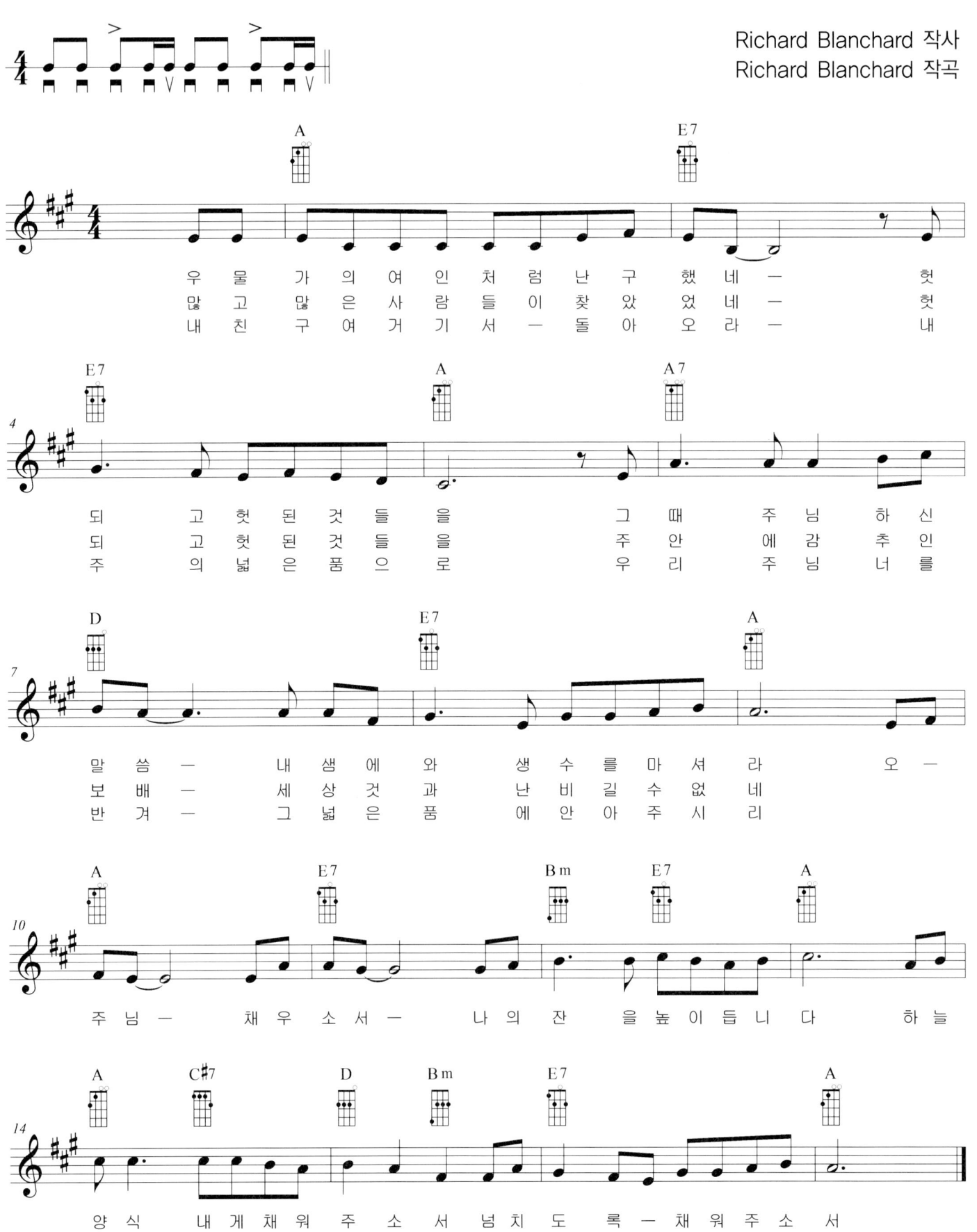

이와 같은 때엔

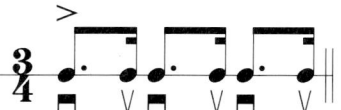

David Graham 작사
David Graham 작곡

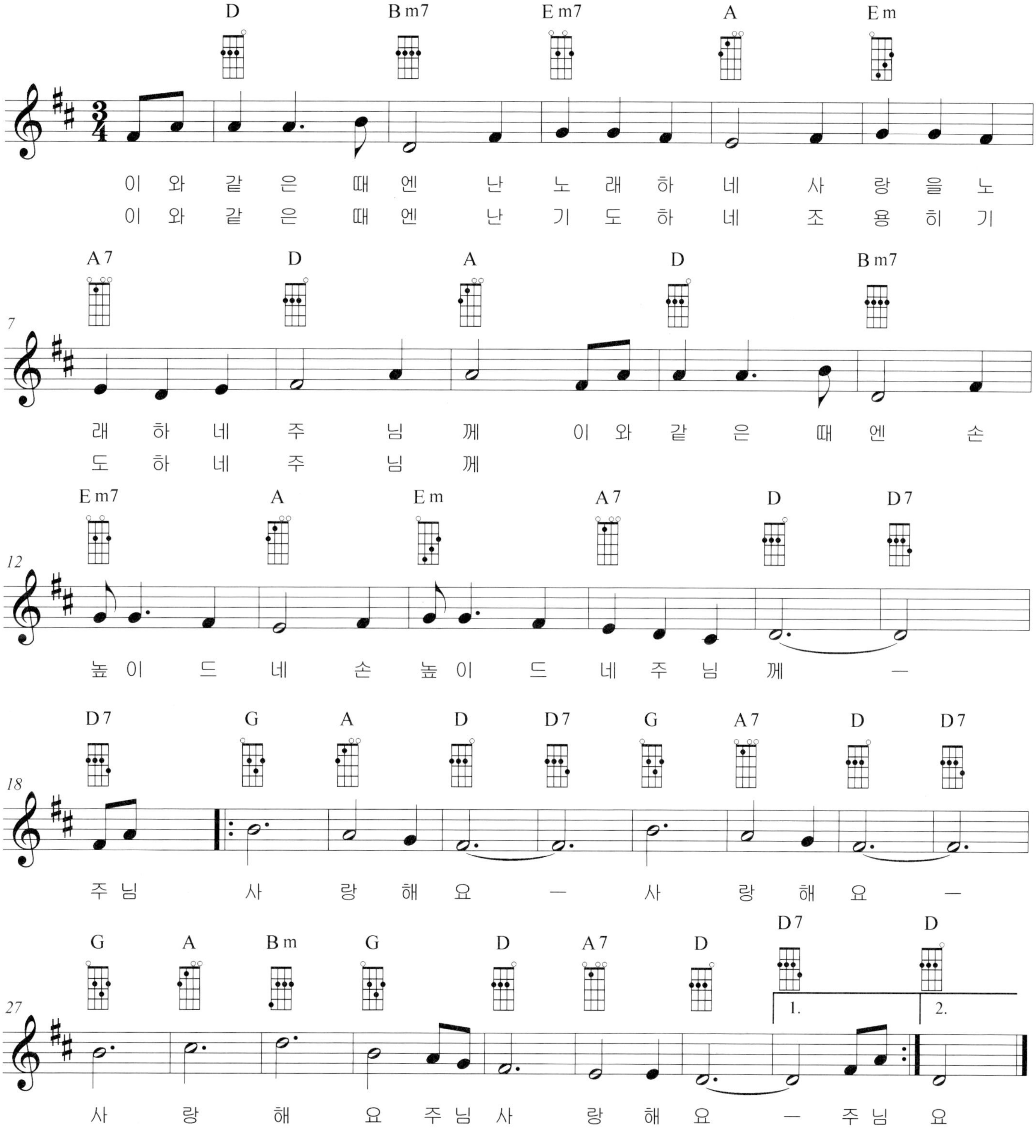
D Bm7 Em7 A Em
이 와 같 은 때 엔 난 노 래 하 네 사 랑 을 노
이 와 같 은 때 엔 난 기 도 하 네 조 용 히 기
A7 D A D Bm7
래 하 네 주 님 께 이 와 같 은 때 엔 손
도 하 네 주 님 께
Em7 A Em A7 D D7
높 이 드 네 손 높 이 드 네 주 님 께 —
D7 G A D D7 G A7 D D7
주 님 사 랑 해 요 — 사 랑 해 요 —
G A Bm G D A7 D D7 D
1. 2.
사 랑 해 요 주 님 사 랑 해 요 — 주 님 요

주 우리 아버지

Alex Simon 작사
Freda Kimney 작곡

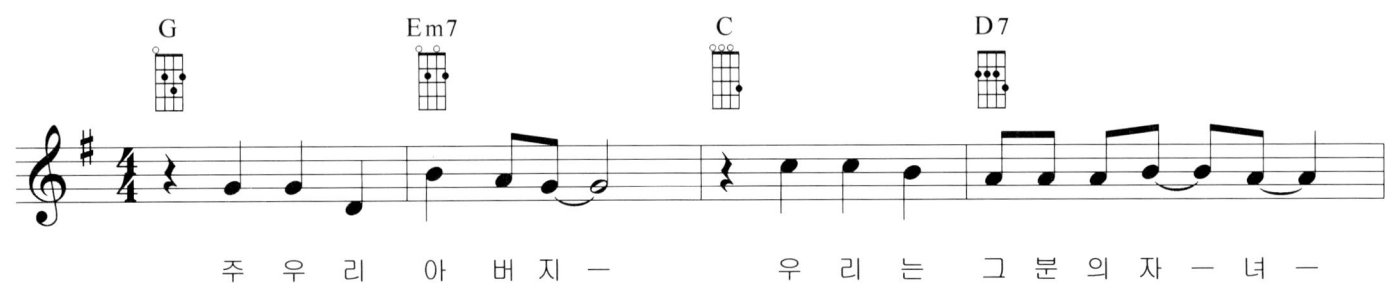

주 우 리 아 버 지 — 우 리 는 그 분 의 자 — 녀 —

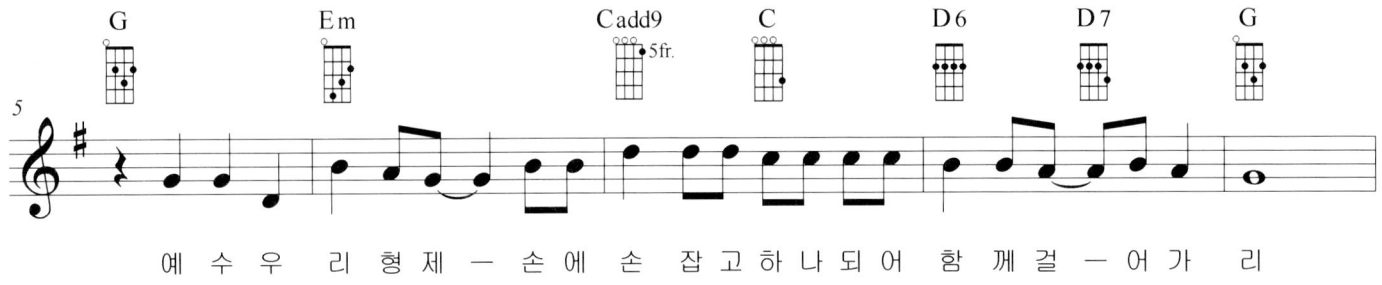

예 수 우 리 형 제 — 손 에 손 잡 고 하 나 되 어 함 께 걸 — 어 가 리

주 께 　 찬 송 해 　 탬 버 린 으 로
　　　　　　　　　　춤 을 추 면 서

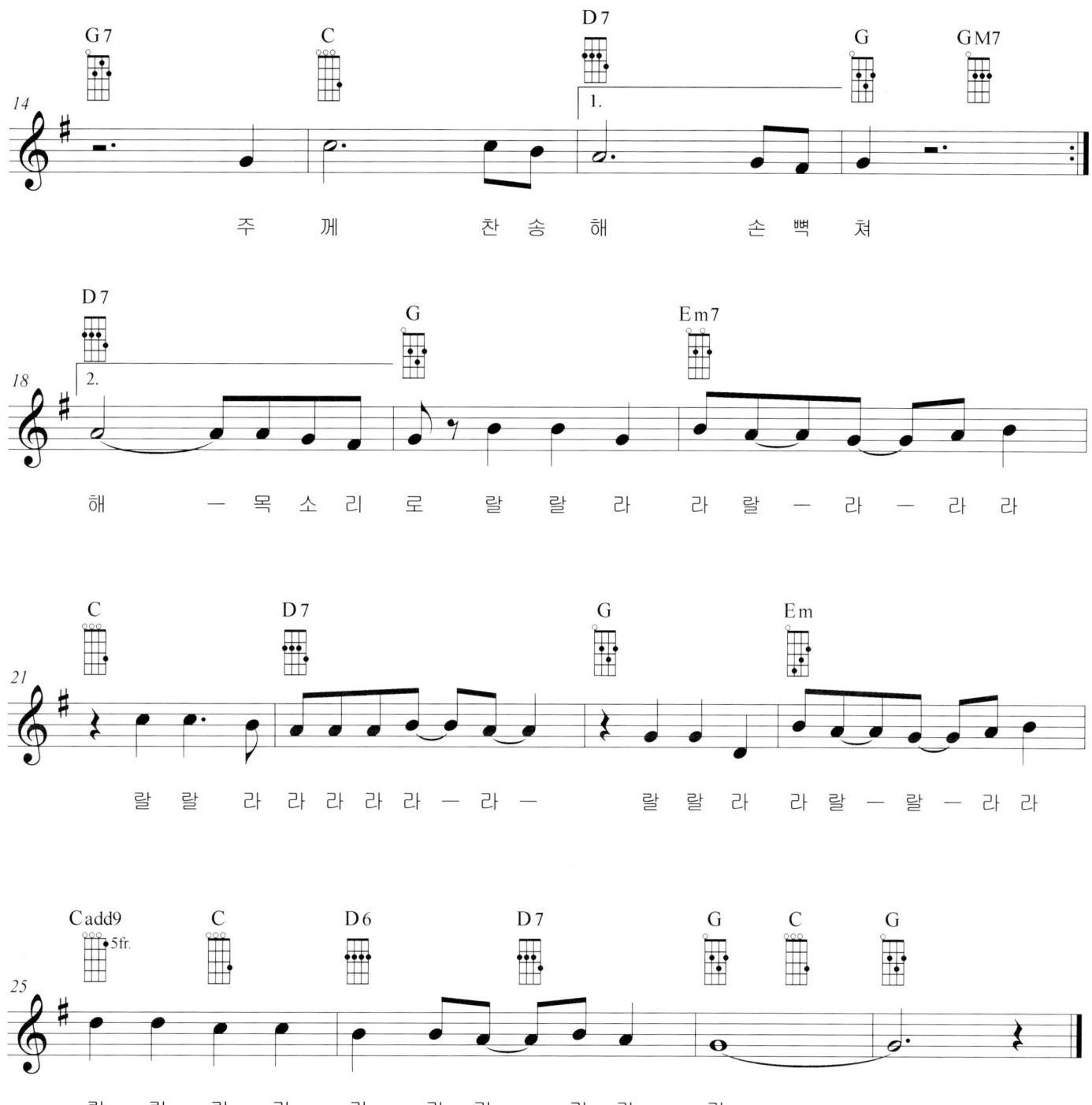

주 이름 큰 능력 있도다
There is Power in the name of Jesus

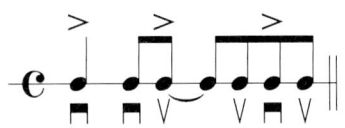

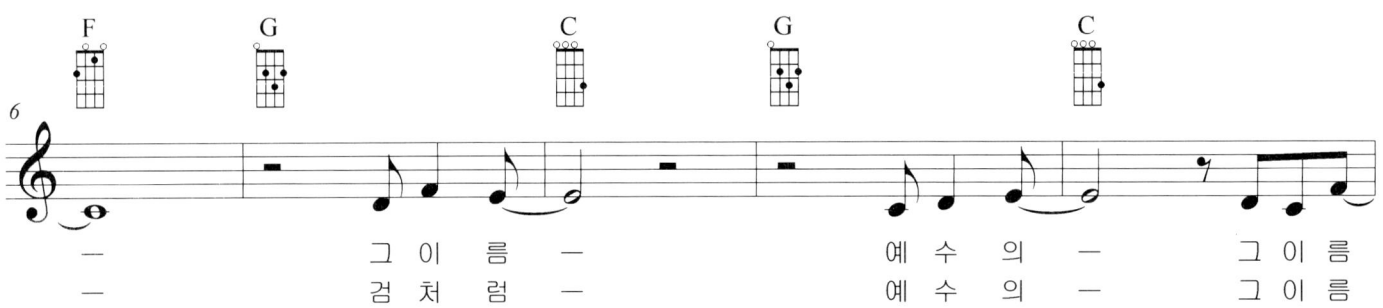

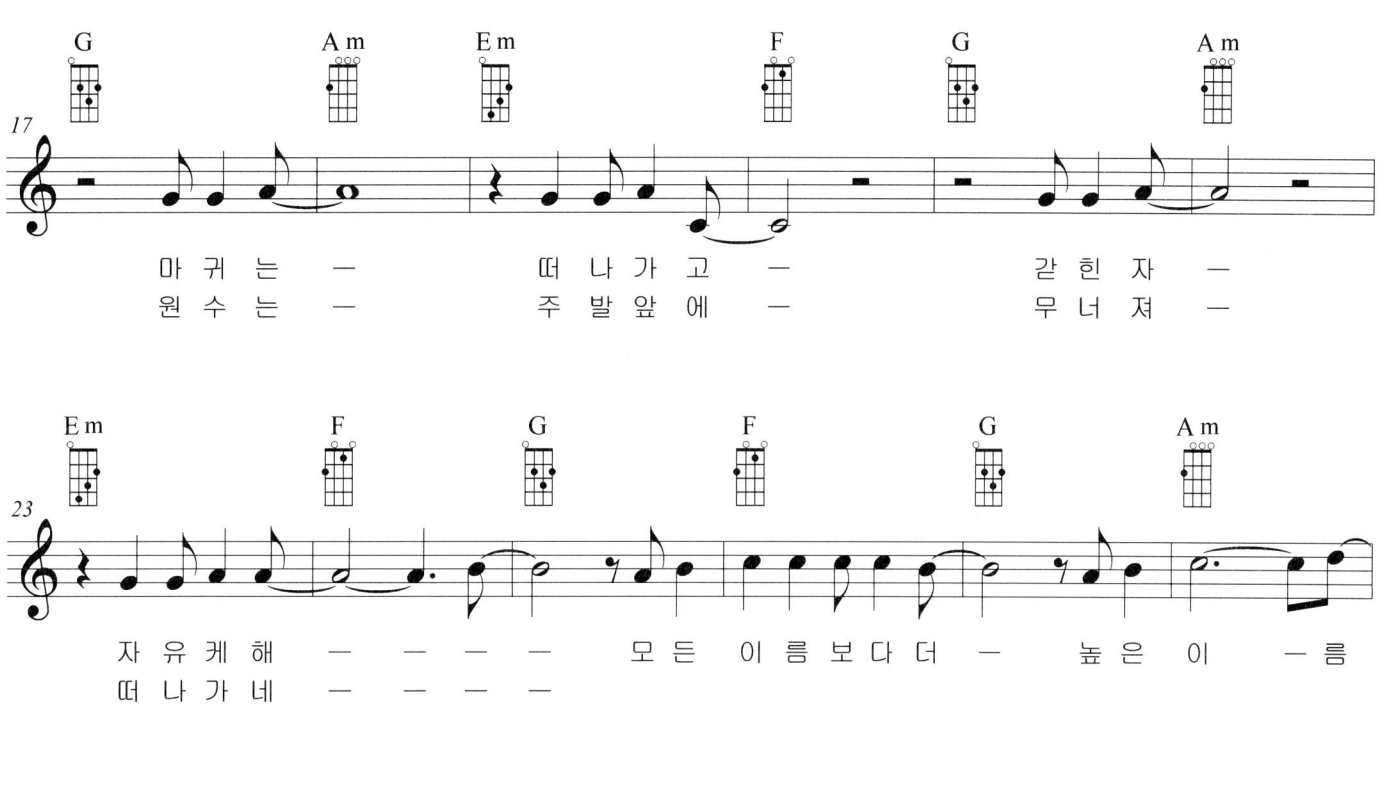

주가 보이신 생명의 길

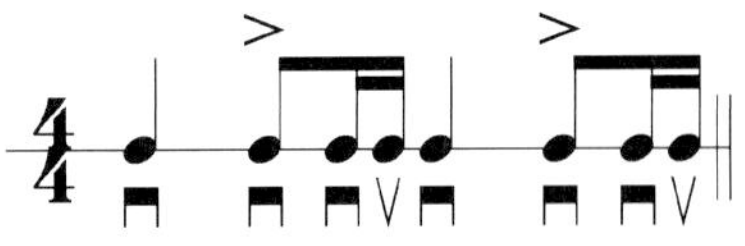

박정은 작사
박정은 작곡

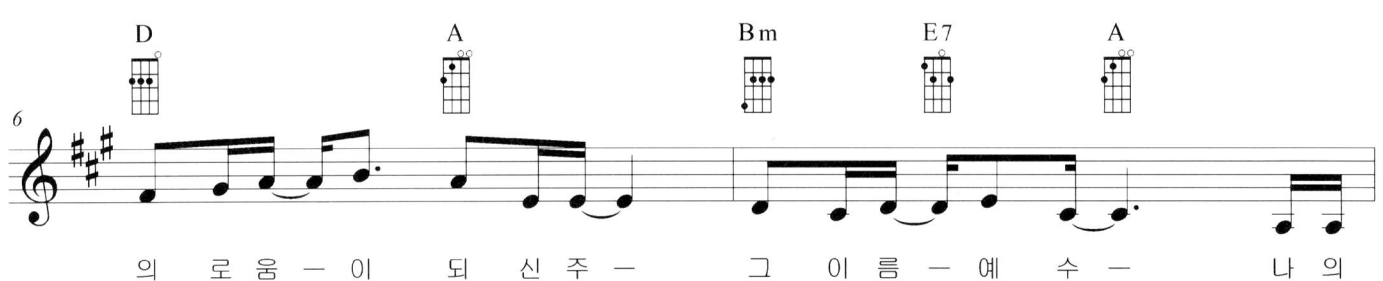

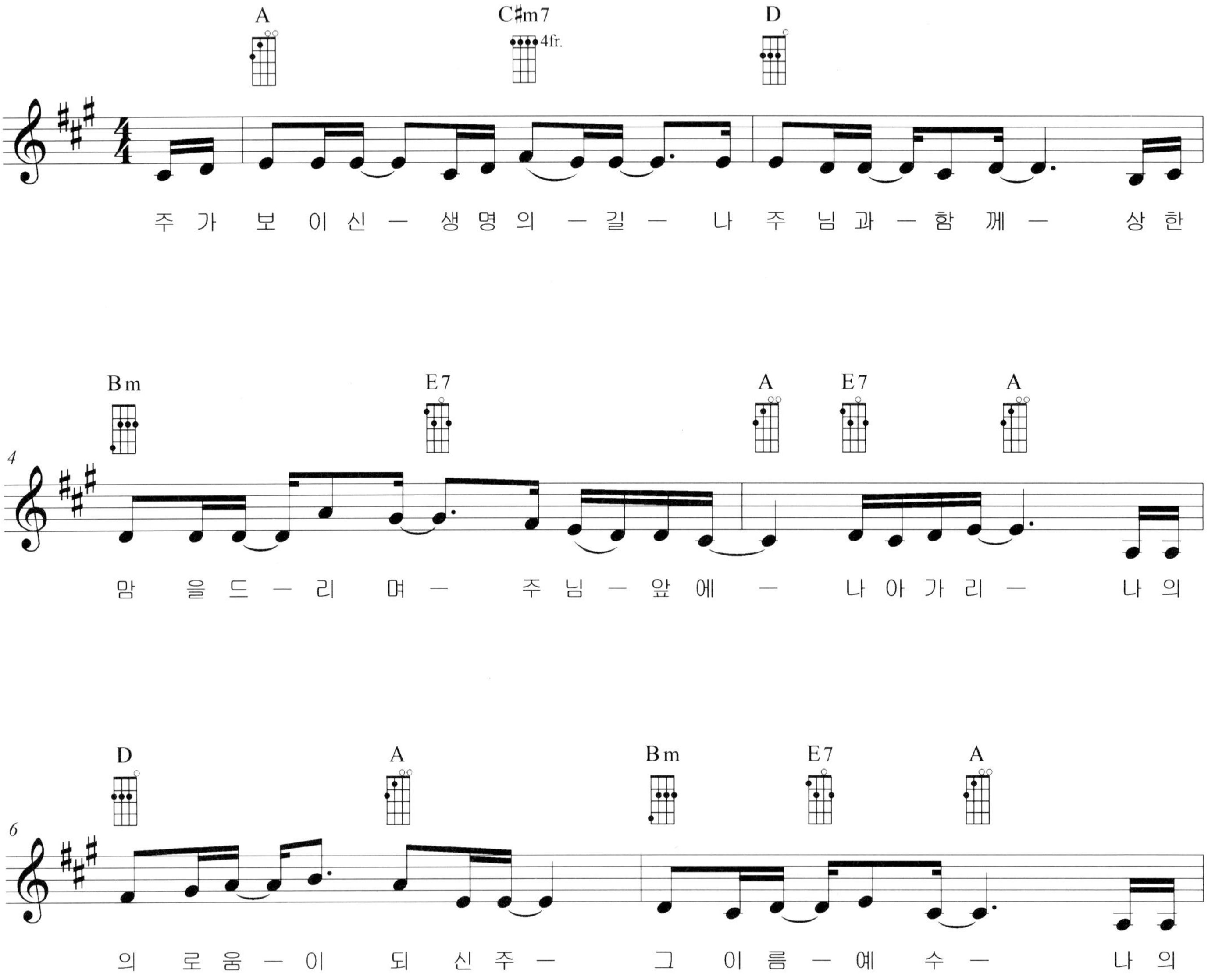

A C♯m7 D
4fr.
주 가 보 이 신 — 생 명 의 — 길 — 나 주 님 과 — 함 께 — 상 한
Bm E7 A E7 A
4
맘 을 드 — 리 며 — 주 님 — 앞 에 — 나 아 가 리 — 나 의
D A Bm E7 A
6
의 로 움 — 이 되 신 주 — 그 이 름 — 예 수 — 나 의

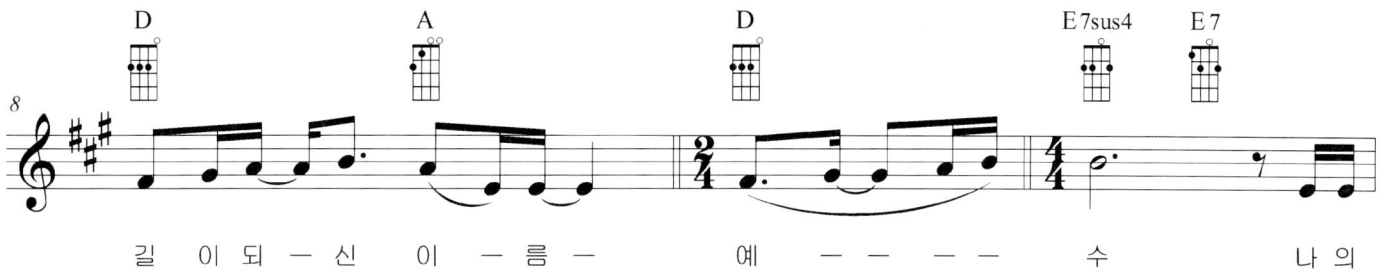

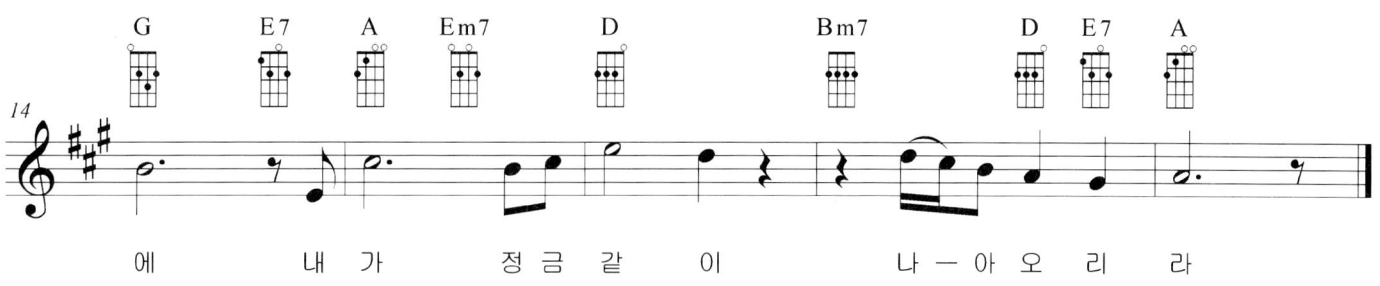

주께 가까이

Adhemar de Campos 작사
Adhemar de Campos 작곡

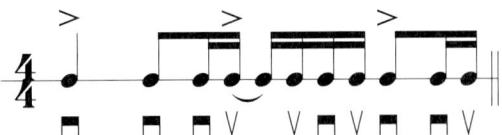

주님 다시 오실 때까지

고형원 작사
고형원 작곡

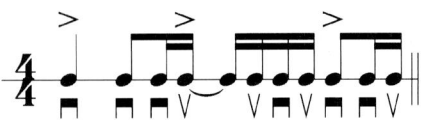

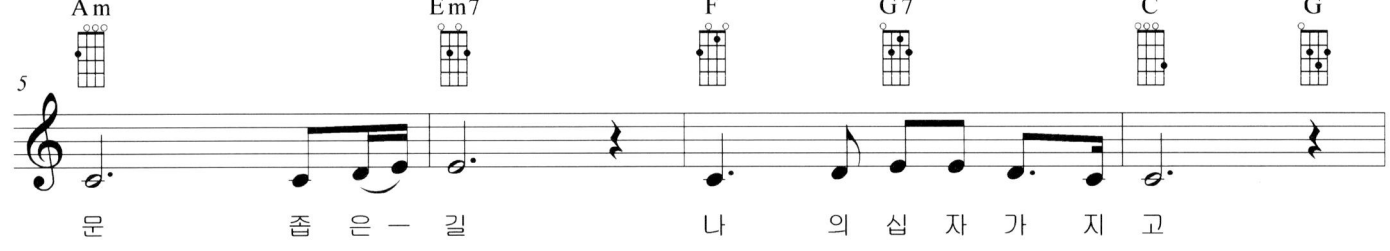

주님의 영광 나타나셨네

David Fellingham 작사
David Fellingham 작곡

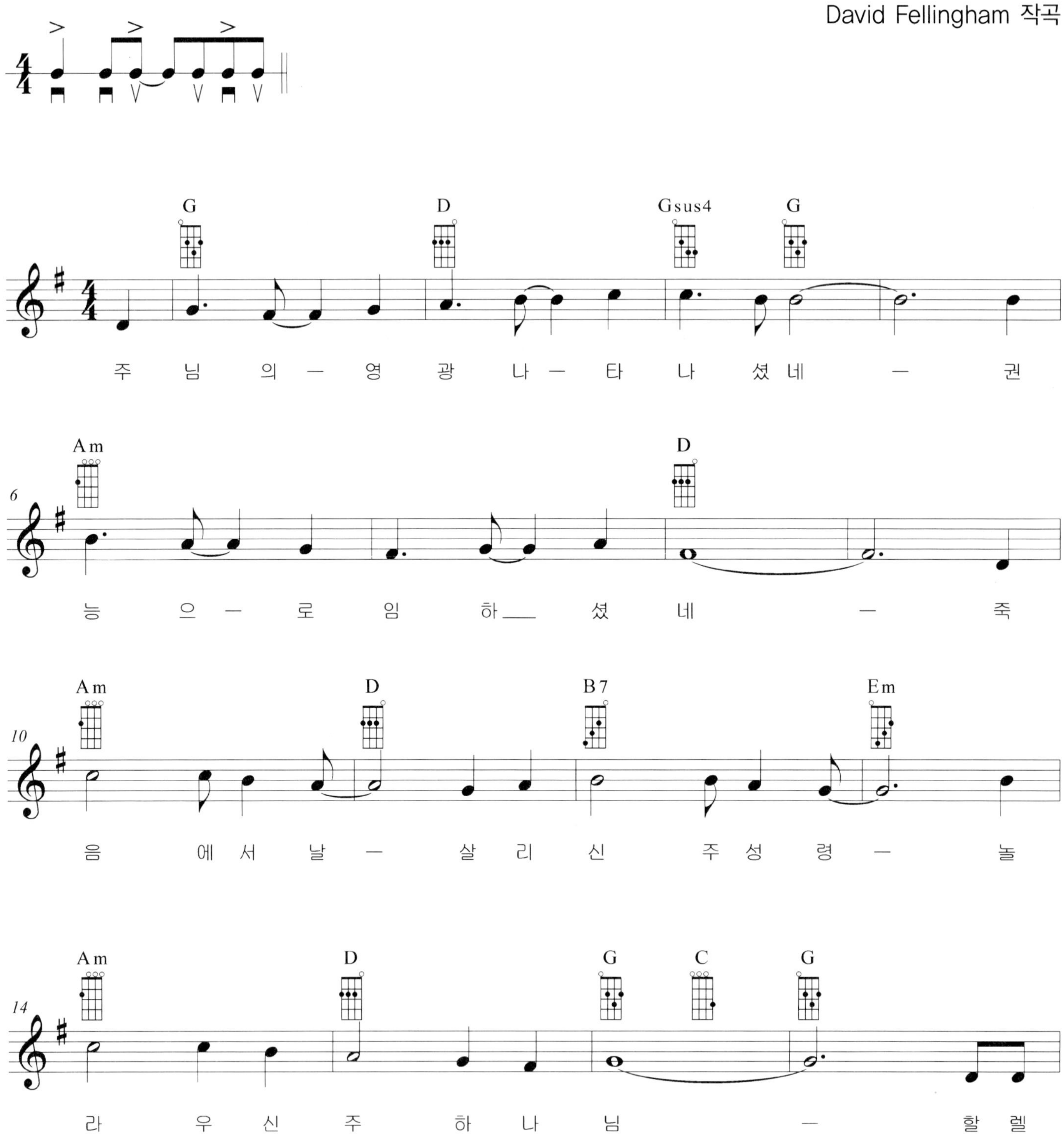

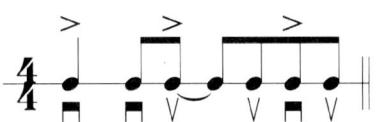

주 님 의 — 영 광 나 — 타 나 셨 네 — 권
능 으 — 로 임 하 — 셨 네 — 죽
음 에 서 날 — 살 리 신 주 성 령 — 놀
라 우 신 주 하 나 님 — 할 렐

주의 이름 송축하리

Clinton Utterbach 작사
Clinton Utterbach 작곡

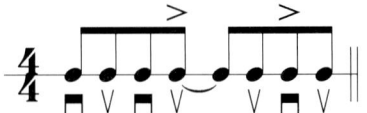

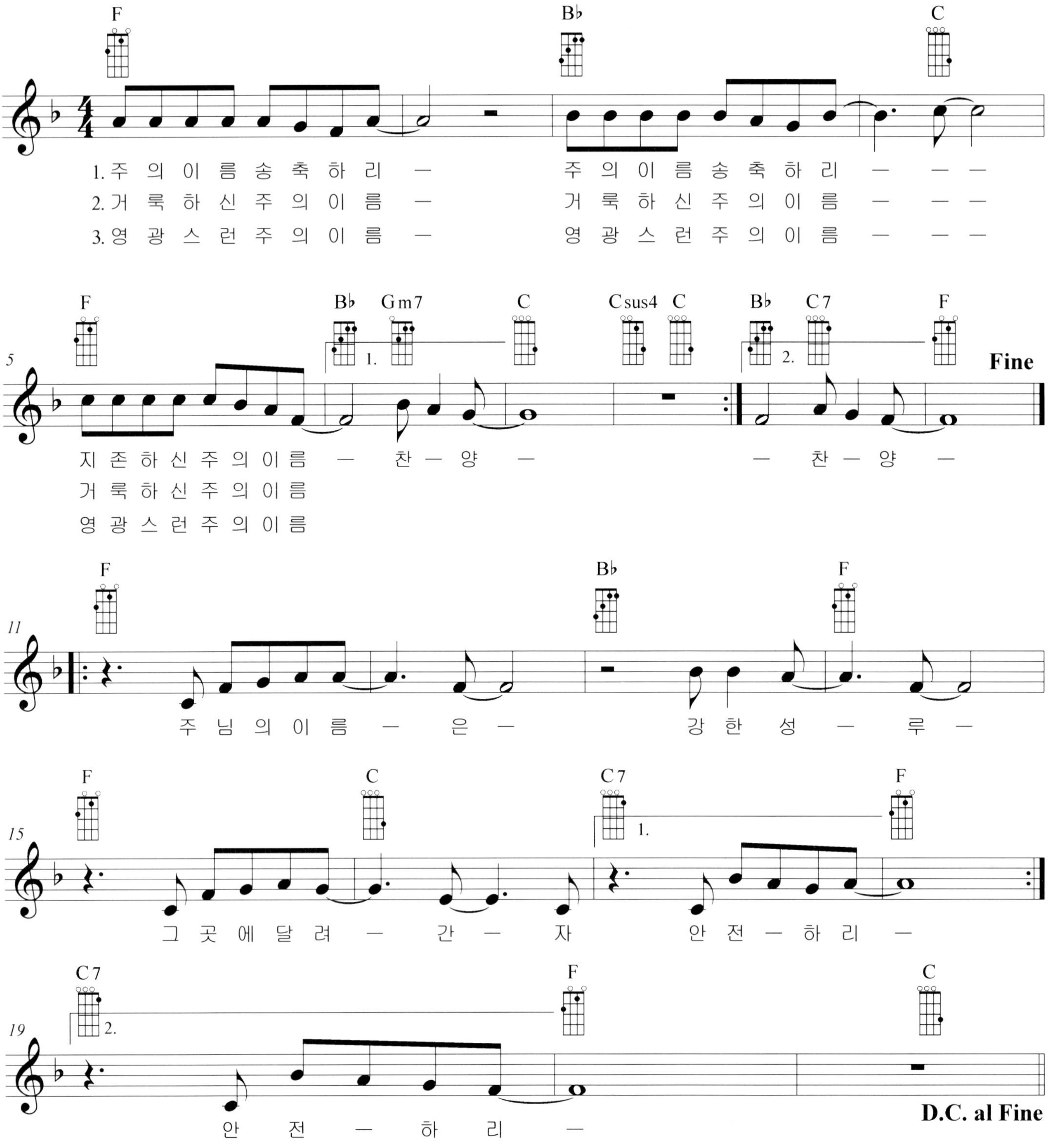

F
B♭
C
1. 주 의 이 름 송 축 하 리 — 주 의 이 름 송 축 하 리 — — —
2. 거 룩 하 신 주 의 이 름 — 거 룩 하 신 주 의 이 름 — — —
3. 영 광 스 런 주 의 이 름 — 영 광 스 런 주 의 이 름 — — —
F
B♭
Gm7
C
Csus4
C
B♭
C7
F
1.
2.
Fine
지 존 하 신 주 의 이 름 — 찬 — 양 — — 찬 — 양 —
거 룩 하 신 주 의 이 름
영 광 스 런 주 의 이 름
F
B♭
F
주 님 의 이 름 — 은 — 강 한 성 — 루 —
F
C
C7
F
1.
그 곳 에 달 려 — 간 — 자 안 전 — 하 리 —
C7
F
C
2.
안 전 — 하 리 —
D.C. al Fine

주의 인자는 끝이 없고
The Steadfast Love of the Lord

Edith Mcneil 작곡

주의 인자하심이 생명보다 나으므로

찬양하라 내 영혼아

작사, 작곡 미상

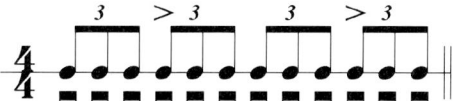

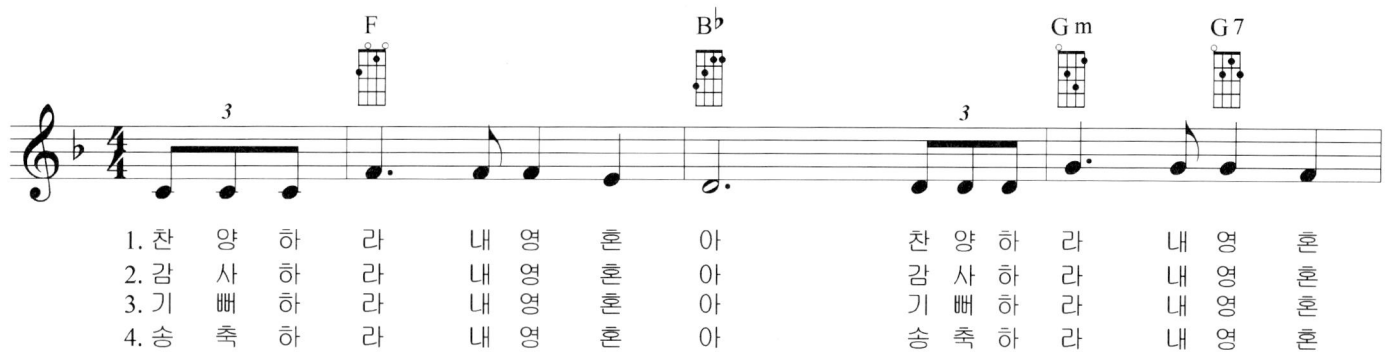

1. 찬양하라 내 영혼아   찬양하라 내 영혼
2. 감사하라 내 영혼아   감사하라 내 영혼
3. 기뻐하라 내 영혼아   기뻐하라 내 영혼
4. 송축하라 내 영혼아   송축하라 내 영혼

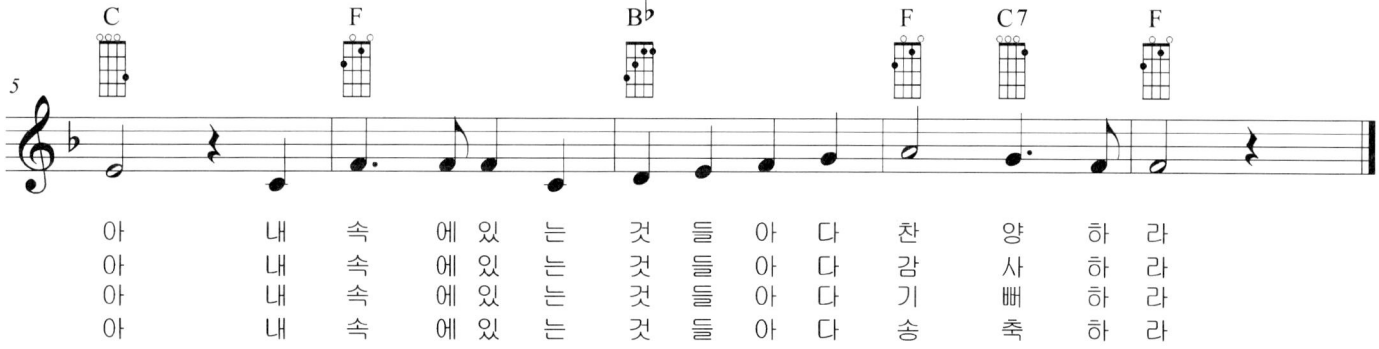

아 내 속에 있는 것들아 다 찬양하라
아 내 속에 있는 것들아 다 감사하라
아 내 속에 있는 것들아 다 기뻐하라
아 내 속에 있는 것들아 다 송축하라

지금은 엘리야 때처럼

Days of Elijah

Robin Mark 작사
Robin Mark 작곡

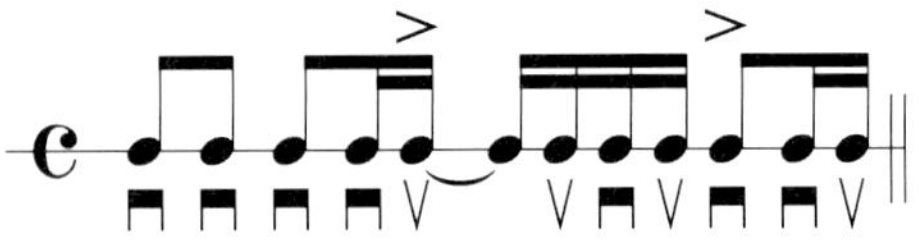

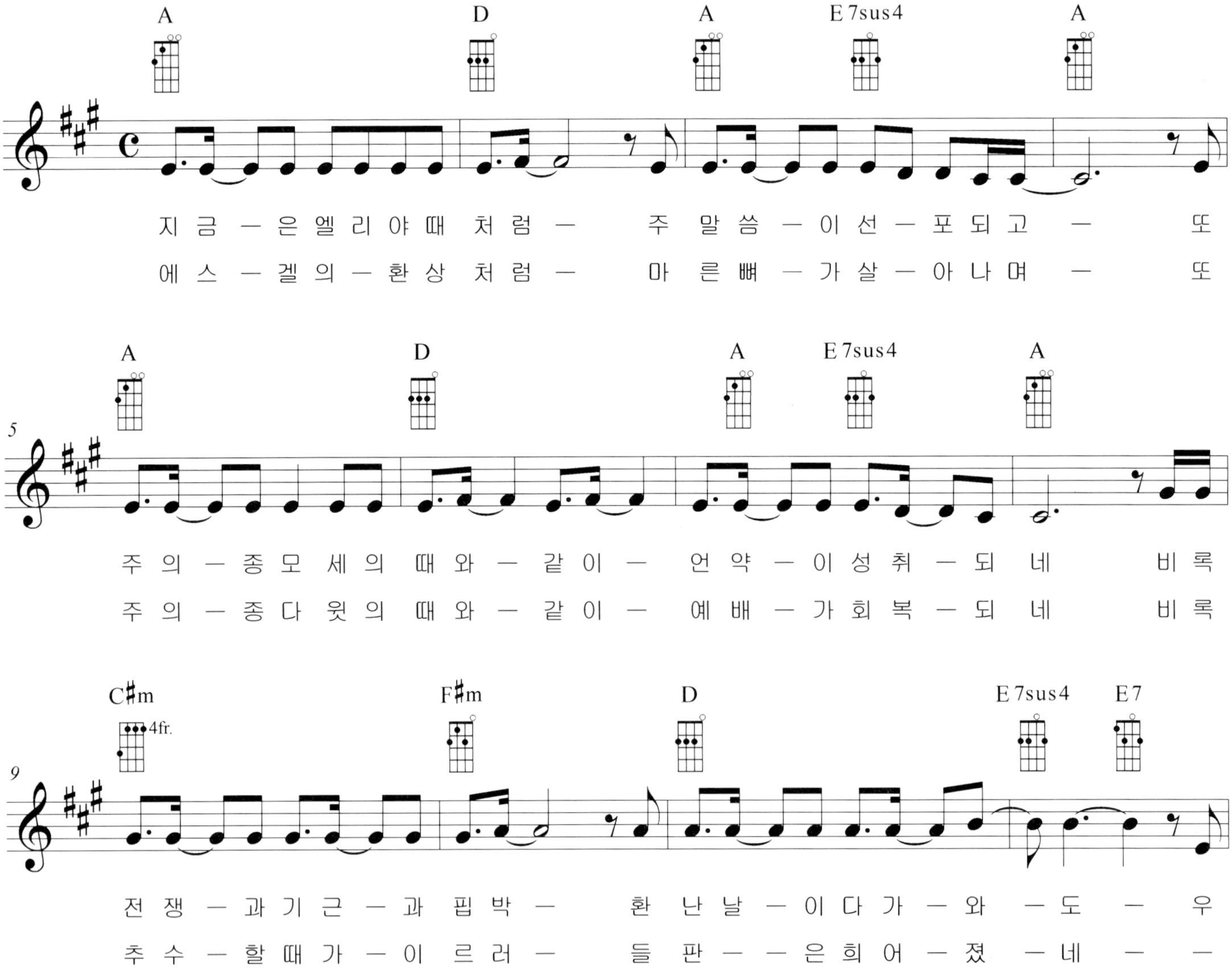
A D A E7sus4 A
지 금 ― 은 엘 리 야 때 처 럼 ― 주 말 씀 ― 이 선 ― 포 되 고 ― 또
에 스 ― 겔 의 ― 환 상 처 럼 ― 마 른 뼈 ― 가 살 ― 아 나 며 ― 또
A D A E7sus4 A
주 의 ― 종 모 세 의 때 와 ― 같 이 ― 언 약 ― 이 성 취 ― 되 네 비 록
주 의 ― 종 다 윗 의 때 와 ― 같 이 ― 예 배 ― 가 회 복 ― 되 네 비 록
C♯m 4fr. F♯m D E7sus4 E7
전 쟁 ― 과 기 근 ― 과 핍 박 ― 환 난 날 ― 이 다 가 ― 와 ― 도 ― 우
추 수 ― 할 때 가 ― 이 르 러 ― 들 판 ― ― 은 희 어 ― 졌 ― 네 ― ―

찬양하세

Donny Reed

평안을 너에게 주노라

Keith Routledge 작사
Keith Routledge 작곡

하나님은 너를 지키시는 자

정성실 작사
정성실 작곡

하나님의 음성을
시편 40편

김지면 작사
김지면 작곡

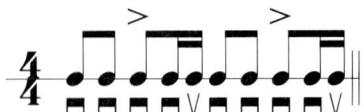

1. 하 나님의음성을   듣고자 — 기 — 도하면 귀 —
2. 주 를의지하 — 고   교만하 지않 — 으 — 면 거짓

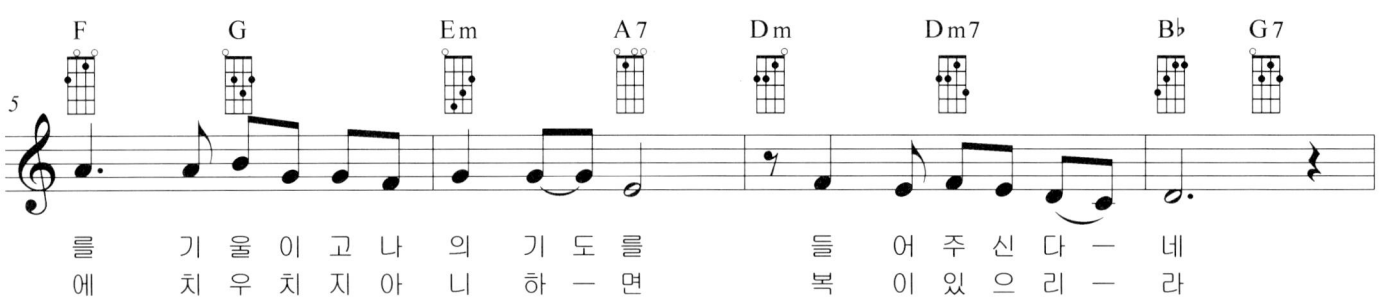

를 기울이고나의 기도를   들 어주신다 — 네
에 치우치지아니 하 — 면   복 이있으리 — 라

깊 은웅덩이 — 와   수렁에 서끌어주시고   나의
여 호와나의주는   크신권 능의 — 주 — 라   그의

발 을반석위 — 에세우시사 나를 튼튼히하셨네 새
크 신권능으 — 로우리들을 사랑 하여 — 주셨네 새

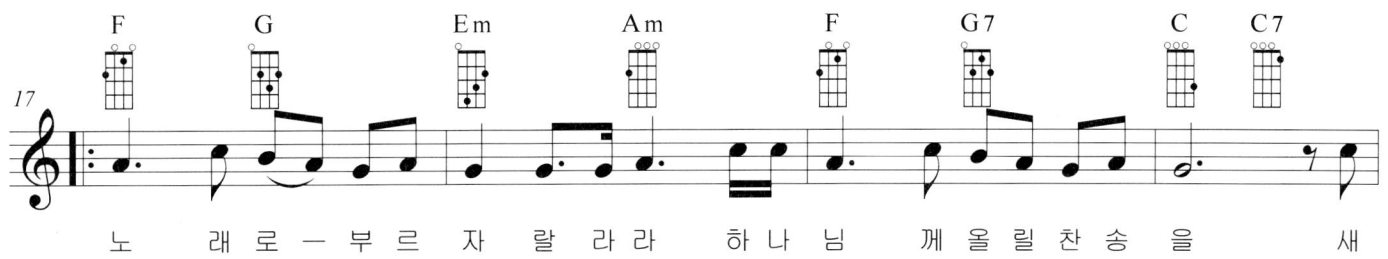
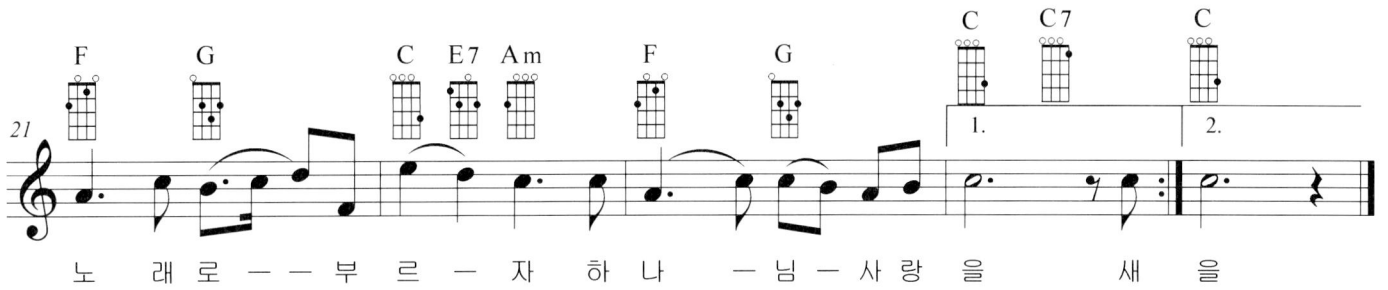

호산나

J. Threlfall 작사

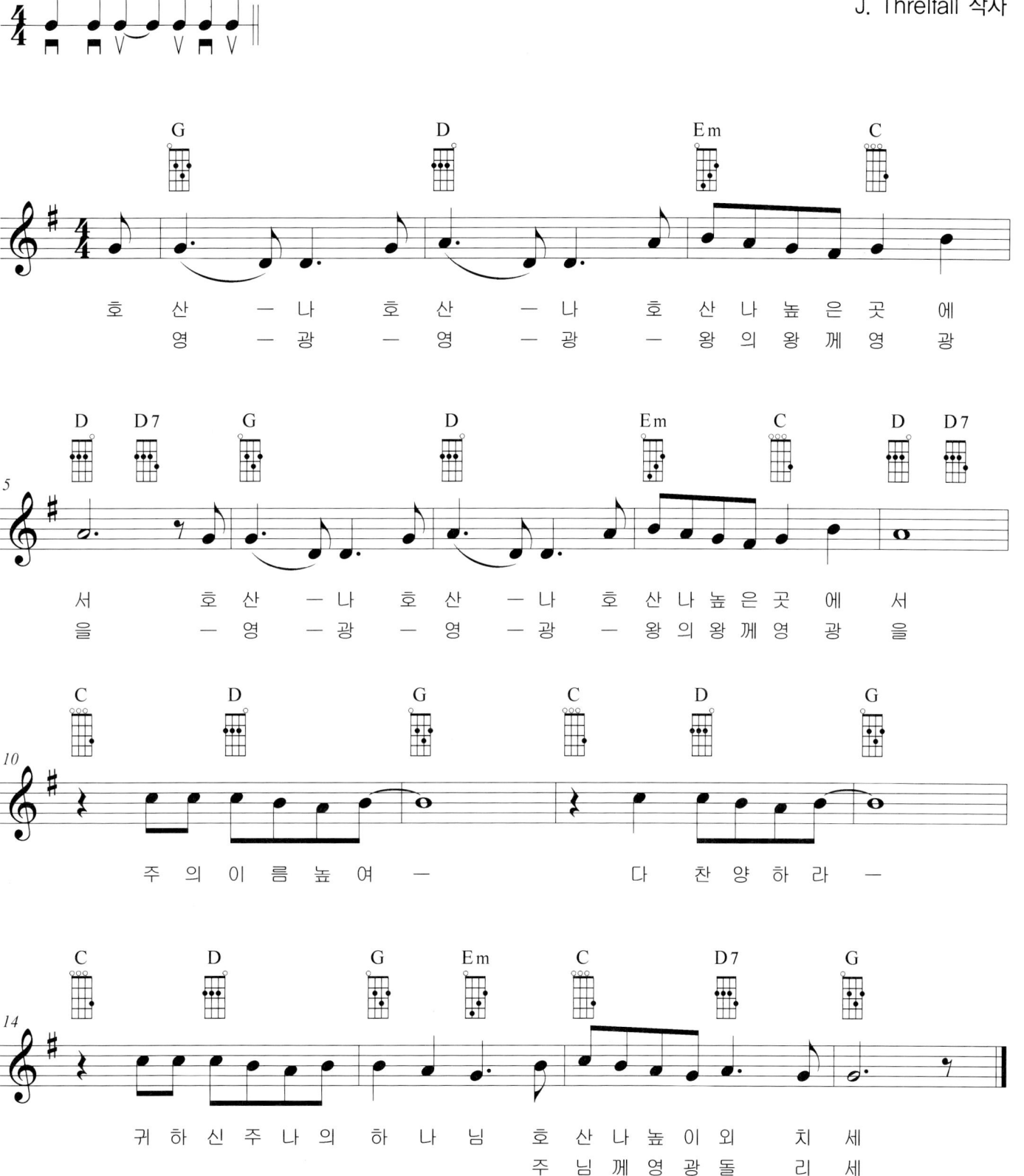